LECTURE JUNIOR

Titre original : *The Children of Charlecote,*
publié pour la première fois en 1968 sous le titre : *The Children of the House*
Édition originale publiée par Victor Gollancz Ltd, Londres, 1989

Les enfants de Charlecote

de Brian Fairfax-Lucy et Philippa Pearce

illustrations de Georges Lemoine

traduit de l'anglais par Lan du Chastel

Gallimard Jeunesse

L'AUTEUR DE CE LIVRE, BRIAN FAIRFAX-LUCY, MON MARI, DÉSIRAIT DEPUIS LONGTEMPS ÉCRIRE UN LIVRE SUR SON ENFANCE, RACONTER l'histoire de ses frères et sœurs dans le château où ils vécurent, Charlecote Park, dans le Comté de Warwick. Il voulait décrire la vie d'un enfant dans une de ces grandes propriétés durant ces années lointaines précédant la Première Guerre mondiale. Ces propriétés sont aujourd'hui des vestiges du passé difficilement viables, tant leur entretien représente une charge trop lourde pour les héritiers. Cette histoire devait aussi évoquer la vie des habitants de l'office, ces domestiques qui vivaient de l'autre côté de la porte capitonnée, et rendaient la vie agréable.
Lorsque mon mari ébaucha son livre, quatre de ses frères et sœurs étaient encore en vie. C'est pourquoi les noms furent changés : dans la première édition, Charlecote Park devint Stanford Hall.

Une nouvelle édition de ce livre a permis de restituer au château son véritable nom. Le premier titre, « Les enfants de la demeure », est devenu « Les enfants de Charlecote ». Il s'agit d'un récit véridique et autobiographique que reprit avec talent et imagination Philippa Pearce. A part Charlecote, tous les noms propres de lieu ou de personnes sont parfaitement imaginaires.

En 1946, Charlecote est devenu propriété d'Etat des domaines et châteaux.

Le château n'est ouvert aux visiteurs que quelques mois, au printemps et en été. Une bonne partie de l'année, les stores restent baissés et les persiennes closes. On ne visite pas les pièces où vécurent les enfants Hatton, ni la chambre d'enfants, ni la salle d'étude. La collection d'œufs, dont les couleurs pâlissent, provient d'oiseaux dont les espèces sont aujourd'hui protégées. De l'autre côté de la porte capitonnée, on peut visiter l'immense cuisine. Là se trouve une rangée de cloches en cuivre que l'on sonnait pour appeler dans les appartements de la famille les femmes de chambre ou les valets de pied. On peut également visiter le grand salon avec ses fauteuils et ses sofas aux coussins rebondis, sa harpe dorée prête comme si une soirée musicale allait commencer. La visite se poursuit par la grande salle à manger avec sa longue table où quarante invités pouvaient prendre place. Elle est couverte d'une nappe damassée qui tombe jusqu'au sol, et au milieu de laquelle est disposée une rangée de candélabres à branches d'argent.

Le prologue de la première édition s'achevait par ces mots toujours d'actualité : « Voici l'histoire de Laura, de Thomas, d'Hugues et de Margaret, les derniers enfants ayant vécu dans cette maison avant la Première Guerre mondiale. »

Alice Fairfax-Lucy

LA VEILLE AU SOIR, AVANT DE S'ENDORMIR, HUGUES S'ÉTAIT TAPÉ LA TÊTE CONTRE SON OREILLER À PLUSIEURS REPRISES : UNE, DEUX, TROIS, quatre, cinq fois. Il fallait absolument qu'il soit debout à cinq heures. Et maintenant qu'il était réveillé – enfin, à moitié –, il ne parvenait plus à se rappeler pourquoi.

Soulevant légèrement la tête au-dessus du drap, il jeta un coup d'œil dans la chambre d'enfants qui lui apparut comme à l'accoutumée. C'est à la vue du cheval à bascule qu'il se souvint qu'il devait, dans la matinée, faire à cheval le tour des fermes avec son père. La matinée promettait d'être triste et ennuyeuse ! Qu'allait donc encore lui dire son père ? Comment le cheval allait-il réagir ? Et alors, comment son père allait-il réagir à son tour ?

Par-delà la tête du cheval de bois, il voyait les tableaux familiers accrochés aux murs : le chat et le perroquet vert qui se regardaient fixement, le portrait de la petite fille au regard inquiet, sous lequel on lisait « Attendez-moi » et qui, toujours, lui faisait penser à Evie, la sœur de Victor. Il y avait aussi le portrait de W. G. Grace, le champion de cricket, son préféré. Hugues était passionné de cricket. Mais quel dommage cette barbe noire ! A cause d'elle, son héros ressemblait à grand-père Hatton, dont le propre portrait était suspendu dans le vestibule, parmi ceux de tous les représentants de toutes les générations de Stanford qui avaient pu exister au cours des siècles.

Grand-père Hatton était mort alors que Hugues n'était encore qu'un tout petit garçon. Papa, cependant, en parlait toujours comme d'un grand industriel particulièrement pieux, dont la devise était : « Prenez soin du moindre penny, et les livres* prendront soin d'elles-mêmes. » Ce qui donnait à penser à Hugues qu'il avait dû être un homme avare, précautionneux et sans grande audace.

Audace ! Hugues venait soudain de se rappeler pourquoi il devait se lever si tôt. Il sauta du lit, craignant d'être en retard, mais se rassura. D'après le soleil et le silence ambiant, il devait être cinq heures à peine. Néanmoins, il ne fallait pas perdre de temps. C'était en effet le premier jour de vacances,

---

* La livre sterling : unité de monnaie anglaise qui, avant que la Grande-Bretagne adopte le système métrique, se divisait en 20 shillings, chaque shilling valant 12 pence (penny au singulier).

et, ce soir, Tom serait à la maison. Il s'habilla rapidement, ouvrit la porte avec précaution et, sur la pointe des pieds, longea le corridor qui menait à la chambre où dormaient ses deux sœurs.

– Debout Laura ! cria-t-il en se lançant sur le lit où dormait sa sœur aînée.

A moitié endormie, Laura se redressa tout en écartant les longs cheveux qui lui cachaient le visage. Dans l'autre lit, Margaret se blottit encore plus profondément dans son sommeil.

– Dépêchez-vous toutes les deux ! dit-il en s'approchant de la fenêtre.

Regardant au-dehors, il ajouta :

– La brume monte de la rivière, il va faire chaud. Hier soir, dans mon lit, j'ai imaginé une expédition pour notre premier jour de vacances. Ce soir, nous pourrons raconter ce que nous avons fait à Tom.

– C'est quoi ? demanda Margaret, que Laura venait de réveiller consciencieusement, avec ce même soin qu'elle mettait à faire toutes choses.

– Nous allons prendre la barge, descendre le courant et chercher des œufs.

Margaret, qui ne savait pas nager, protesta.

– Mais on va se faire gronder, s'il y en a un qui se noie ; et même on se fera gronder de toute façon si on est pris.

– Personne ne nous prendra si nous nous dépêchons, dit Laura. Et Hugues a raison : il faut avoir quelque chose à raconter à Tom.

Déjà Laura enfilait ses vêtements et Margaret dut faire de

même. Sans s'être coiffés ni lavés, les enfants se faufilèrent dans le corridor, puis descendirent les escaliers pour gagner la porte de derrière.

Un instant ils s'arrêtèrent dans le couloir dallé, l'oreille aux aguets. Une porte capitonnée séparait l'aile du château où ils se trouvaient de la partie centrale où dormaient leurs parents. Cette porte étant close et aucun serviteur n'étant encore éveillé, il était peu probable qu'on ait pu les entendre. A l'exception, peut-être, de Walter Mark, le majordome, dont la chambre se trouvait tout en bas des escaliers. Mais Walter Mark n'était-il pas le meilleur ami de Hugues ?

La porte de derrière était verrouillée et fermée à double tour, comme à l'habitude. Elle était renforcée par une grosse barre métallique d'où dépassait une mince lame de métal, sur laquelle était posée une clochette qui résonnait à la moindre vibration. Des clochettes identiques étaient disposées chaque soir sur les barres de toutes les portes et fenêtres du rez-de-chaussée. C'est ainsi que Charlecote se protégeait des voleurs.

Il revenait à Laura, la plus grande, d'ôter la clochette de la porte. On entendit un faible tintement. Laura étouffa un rire.

– J'espère que nous ne troublons pas le sommeil de Walter !

Hugues tira les verrous, tandis que Margaret s'acharnait à tourner la grosse clef dans la serrure.

CHAPITRE PREMIER

– Walter m'a affirmé que de toute manière il n'entendrait rien si un voleur arrivait par là, dit Hugues.

La chambre de Walter Mark était contiguë à la pièce où était rangée l'argenterie de la maison, dont il avait la garde.

– Mais c'est impossible n'est-ce pas, qu'un voleur entre par cette porte ? demanda Margaret.

Ils devinèrent qu'elle essayait surtout de se rassurer : elle avait toujours craint les voleurs, les fantômes et autres créatures. Laura, que rien ni personne n'effrayait, la taquina.

– Mais si, parfaitement ! Tu ne sais donc pas qu'il y a des voleurs particulièrement futés ? N'est-ce pas Hugues ? En plus, ils se déplacent sans faire de bruit, comme les chats.

– Tais-toi, Laura, l'interrompit Hugues. Quant à toi, Meg, tourne donc cette clef de toutes tes forces, avec les deux mains.

Le pêne glissa enfin et la porte s'ouvrit. L'un derrière l'autre, les trois enfants sortirent furtivement, passèrent devant Jet, le chien de chasse noir, couché dans sa niche, et pénétrèrent dans un monde vierge qui leur appartenait.

Dans la cour, l'horloge de l'écurie indiquait presque cinq heures : ils disposaient donc d'une heure avant que les palefreniers et la maisonnée commencent leur journée, et de deux heures avant que leurs parents soient réveillés.

Ils coururent sur le gravier, traversèrent les pelouses humides de rosée, contournant ainsi le château pour rejoindre la rivière. Charlecote se dressait au milieu de grands bois où serpentait la rivière qui longeait un instant le château. En ce lieu, quiconque les aurait cherchés n'aurait pu déceler leur présence même en tendant l'oreille ou en regardant alentour. D'autant plus que la chambre de leurs parents donnait sur la cour d'honneur, de l'autre côté. C'était pour cette raison que Hugues avait choisi cet endroit pour leur expédition.

La barge était déjà à l'eau près de l'embarcadère, enchaînée mais non cadenassée. Les enfants s'y installèrent. Laura détacha la chaîne et la tira dans l'embarcation. Hugues saisit la perche et commença à pousser, tandis que les deux filles se penchaient pour laisser filer leurs doigts dans l'eau sombre. Ils n'avaient pas oublié qu'ils étaient partis chercher des nids, mais ce n'était pas dans les premiers roseaux qu'ils en découvriraient.

Lentement, la barge suivit une boucle de la rivière avant de s'engager dans une partie un peu plus rectiligne. De gros buissons et des saules poussaient sur la berge et le cours d'eau s'étrécissait. C'était l'endroit idéal. A l'aide de sa perche, Hugues approcha la barge d'une petite île formée de nénuphars et de mauvaises herbes.

Laura s'était mise debout.

– Je crois qu'il y a un nid de cane, là, sur les vieilles branches, dit-elle. Attention, Hugues !

Hugues amena prestement la barge près de l'endroit que lui désignait Laura. Margaret se trouvait la plus proche du nid. Elle allongea le bras, prit l'un des gros œufs blanc verdâtre et le passa à Laura qui le secoua doucement.

– Pourri, dit-elle.

– La saison est bien trop avancée pour les œufs de cane, dit Hugues. Il vaudrait mieux trouver un nid de poule d'eau.

Il poussa de nouveau sur la perche, et l'embarcation reprit son chemin. Le soleil était maintenant assez haut pour projeter ses rayons à travers les feuillages agités par une légère brise, animant de jeux de lumières et d'ombres tout ce qui les entourait.

Soudain Margaret laissa échapper un cri de frayeur.

– Qu'y a-t-il encore ? demanda Hugues.

– Il y a quelqu'un dans les arbres qui nous regarde !

– C'est Dan, dit Laura.

Dan Power était le garde-chasse de Charlecote.

– Non, ce n'est pas Dan reprit Margaret. C'est quelqu'un qui ne veut pas qu'on le voie.

Comme pour la contredire, un garçon surgit de derrière un arbre, s'avança sur la berge, et les salua de la main. Il avait l'âge de Hugues, ou presque. Ils le reconnurent aussitôt.

– Victor ! s'écria Hugues, ravi.

Un moment les fillettes l'observèrent en silence.

– N'as-tu pas peur que Dan Power t'attrape ? lui dit enfin Laura.

– Non, je n'ai pas peur. Et puis, il fait tellement de bruit que je l'entendrais venir de loin. D'ailleurs, je ne braconne pas.

– Que fais-tu alors ? demanda Margaret.

Une question que les autres n'avaient pas osé lui poser de peur de paraître trop curieux. Victor ignora Margaret.

– Tu n'es pas venu l'autre jour, dit-il à Hugues.

Hugues était embarrassé.

– C'est à cause de notre gouvernante. Elle nous a gardés dans la salle d'étude pour apprendre les verbes allemands.

Victor ne répondit rien, et Hugues ressentit ce silence comme désapprobateur, voir légèrement méprisant.

– A la rentrée, je n'aurai plus de cours avec elle. On va m'envoyer dans une véritable école. De toute façon, elle est repartie en Allemagne pour les vacances.

– Alors, tu peux venir demain ?

– Oh ! oui, dit Hugues avec enthousiasme.

Puis se souvenant soudain :

– Enfin, je ne sais pas. Tom sera rentré.

– Tom aime nous emmener en expédition, expliqua Laura. En ce moment, nous nous entraînons.

– C'est Hugues qui dirige cette expédition à la place de Tom, parce qu'il n'est pas encore arrivé, précisa Margaret.

– On cherche des œufs de poule d'eau, ajouta le remplaçant du chef.

Victor n'avait pas l'air très intéressé. Il dit simplement à Hugues :

– Je croyais que tu avais déjà un œuf de poule d'eau dans ta collection.

– Oui, mais ceux que nous allons trouver, on va les manger.

– Eh bien, vous venez justement de passer devant deux nids.

Victor désigna un endroit derrière eux et Laura esquissa une grimace de dépit. Hugues manœuvra pour se rapprocher de la berge. Les arbres étaient tellement inclinés que leurs troncs effleuraient l'eau. Amenés par le courant, des débris de toutes sortes, de la boue, de la vase et des cailloux envahissaient cette partie de la rivière qui n'était pas navigable, mais convenait parfaitement au gibier d'eau. Et sur cette rive boueuse se trouvaient effectivement deux nids de poule d'eau. Hugues s'approcha suffisamment pour que les fillettes puissent avancer le bras et – non sans quelques difficultés – atteindre les nids.

– Il y en a dix ici, dit Laura. Ils sont encore tièdes.

Elle les prit délicatement.

– Mais je crois qu'ils ne sont pas frais, ajouta-t-elle. Ils sont trop lourds.

– L'autre couvée doit être plus récente, lança Victor de l'autre rive.

– Ici, il y en a six, s'écria à son tour Margaret. Qu'est-ce que je fais ?

– Prends-en la moitié, répondit Hugues. Hé ! Victor, qu'est-ce qu'il y a ?

Victor venait de faire quelques pas en arrière l'air inquiet.

– J'entends le garde-chasse.

– Dan est notre ami !

– Mais pas vraiment le mien.

Victor s'éloigna le long de la rive, sur le point de disparaître.

– Hé ! Attends une minute ! lui cria Hugues qui ne voulait à aucun prix le voir partir.

Il plongea la perche dans l'eau et poussa de toutes ses forces. La barge fila en avant, mais la perche, trop profondément enfoncée dans le lit de la rivière, resta plantée quand Hugues voulut la soulever.

– Lâche la perche ! vite ! murmura Victor de là où il se trouvait.

Il fallait que Hugues réagisse rapidement.

– La perche ! répéta Laura.

– Oh ! là là ! dit Margaret.

Hugues n'arrivait pas à se décider. Un instant, il pensa lâcher la perche. Mais brusquement il se ravisa, ce qui lui fit perdre l'équilibre. Il passa par-dessus bord et, dans un jet d'éclaboussures, se retrouva dans l'eau, de la boue jusqu'aux genoux.

Entre-temps, Victor avait disparu et Dan Power, cause première de leur incident, arrivait à leur secours.

Il attrapa la chaîne que lui lança Laura et maintint fermement la barge, l'empêchant ainsi de dériver. Puis il récupéra la perche avant d'aider Hugues, à qui il avait ordonné de ne pas bouger, à s'extraire du lit boueux de la rivière. Ce dernier, docile, n'avait pas esquissé le moindre geste, de peur que ses bottes ne restent dans la vase. Mais, même chaussé de ses bottes, les fillettes furent épouvantées en le voyant sortir de la rivière.

– Je n'ose pas imaginer ce que Sir Robert et Madame la Baronne vont dire, déclara Dan.

– Oh ! là là là là ! gémit Margaret.

– Ne peut-on pas le nettoyer avant qu'on le voie ? demanda Laura.

Dan réfléchit quelques secondes puis acquiesça. Voilà ce qu'ils allaient faire : tout d'abord, il les raccompagnerait en bateau. Hugues en profiterait pour ôter ses bottes et ses chaussettes que Dan laverait à la pompe de l'écurie. Avec un peu de chance, Hugues et ses sœurs pourraient ensuite se faufiler dans le château sans être vus.

A cette perspective rassurante, les enfants se détendirent. Laura toucha furtivement les trois œufs cachés dans un pli de sa jupe et demanda :

– Vous nous avez vraiment pris pour des braconniers, Dan ?

Cette idée l'enchantait.

Tout en manœuvrant la perche, Dan répondit brièvement qu'il avait entendu des voix et qu'il était venu voir. A cette époque de l'année, il se rendait très tôt le matin dans les bois pour prendre de jeunes faisans. Il devait aussi vérifier les pièges à lapins.

– Mais, ajouta-t-il avec aigreur, quelqu'un est passé avant moi, ce matin.

Margaret eut à cet instant l'idée d'ajouter :

– C'est bien ce que Victor...

Ce qui lui valut aussitôt un bon coup de pied de la part de Laura, qui eut pour résultat de terminer sa phrase en un cri de douleur ! Hugues, quant à lui, avait l'air quelque peu abattu.

Dan leur lança à tous trois un regard soupçonneux. Il fronça les sourcils et se contenta de dire :

– Je sais pas ce que dirait Sir Robert, Monsieur Hugues, s'il savait que vous allez chercher des nids avec le fils de ce maître d'école.

– Victor s'y connaît très bien en oiseaux, se défendit Hugues. Il nous a même donné à chacun un œuf de choucas pour notre collection. Il sait où il faut aller. Il a même dit qu'un jour il rapporterait un œuf de héron.

Dan eut un petit rire.

– Oh ! ça m'étonnerait ! A Charlecote, les hérons construisent leur espèce de nid branlant au sommet des grands arbres. Il est quasiment impossible d'y grimper car ces arbres n'ont presque pas de branches basses. Les hérons sont malins !

La barge avait maintenant atteint le débarcadère. Il était temps de mettre en action le plan de Dan Power.

Alors qu'ils contournaient le château pour atteindre la porte de derrière, les enfants croisèrent William Kemble, le chef palefrenier, qui sortait de la cour des écuries. Il était suivi par une file de chevaux ; neuf, en tout. Par chance William Kemble était leur ami.

Ce fut ensuite Walter Mark, très inquiet, qui arriva à leur rencontre, alors qu'ils passaient la porte.

– Je savais bien que vous étiez sortis ! s'exclama-t-il. Mais qu'est-ce que vous avez bien pu faire ? Et pourquoi êtes-vous sans bottes, sans chaussettes ! s'écria-t-il en voyant Hugues.

– Dan est en train de les nettoyer, et il va me les rapporter tout de suite.

– Montez vite et lavez-vous. Je vais voir Dan. Je m'occuperai de vous faire monter une paire de bottes propres. Vite ! Dépêchez-vous !

Peu après Elsie leur apporta le petit déjeuner. Comme d'habitude, ils ne verraient leurs parents qu'ensuite. La jeune femme de chambre était leur amie. Jamais ils n'oublieraient que, nouvelle employée, elle leur avait apporté un clafoutis aux prunes qui provenait de la salle à manger pensant que les enfants avaient droit à la même nourriture que leurs parents.

Puis le gong retentit annonçant l'heure de la prière.

Les trois enfants descendirent sagement le grand escalier menant à la salle à manger dans laquelle ils pénétrèrent par rang d'âge, Laura la première. Dans ce même ordre, ils embrassèrent leurs parents et chacun prit sa place. Walter Mark et Ernest, le valet de pied, apportèrent deux bancs pour les serviteurs. Walter tendit ensuite à Sir Robert la Bible et le livre de prières. Personne ne parlait, et c'est dans un profond silence qu'entrèrent les serviteurs, un par un : Hortense, la femme de chambre française de lady Hatton, Mrs Ashley la cuisinière, Alice la gouvernante, Elsie la jeune servante, enfin la sous-gouvernante et la fille de cuisine. Ernest referma la porte derrière les domestiques avant de s'asseoir, de même que Walter, à l'extrémité d'un banc.

Sir Robert lut un passage de la Bible. Après qu'il eut dit « Prions », tout le monde s'agenouilla. C'est ce moment-là que choisissaient parfois Hugues et Margaret – Laura se trouvait trop vieille pour cela – pour saisir un regard ami parmi les domestiques ou provoquer ne serait-ce que le quart d'un sourire. Mais aujourd'hui, ni l'un, ni l'autre n'en avait le cœur ; ils sentaient couver l'orage.

La prière terminée, les serviteurs sortirent les uns après les autres, dans l'ordre dans lequel ils étaient entrés. Ernest et Walter, les derniers, enlevèrent les bancs.

– Fermez la porte, Laura, ordonna alors leur père. J'ai à vous parler à tous trois.

Leur cœur se mit à battre plus fort. Leur père était-il déjà au courant de leur mésaventure, ou s'agissait-il simplement d'un de ses sermons habituels ?

Laura regagna sa place.

– C'est donc, aujourd'hui, votre premier jour de vacances, commença Sir Robert, et ce soir Tom sera parmi vous. Aussi je tiens à vous prévenir que ne je tolérerai aucune extravagance, aucun retard aux repas, aucun désordre, ni aucune désobéissance ou mauvaise conduite, quelle qu'elle soit. Je sais que Tom vous entraîne souvent dans ses bêtises ; s'il ne change pas d'attitude, je l'enverrai chez un précepteur. Et je suis prêt également, si cela s'avère nécessaire, à engager un précepteur ici même, qui vous fera tous travailler pendant le temps de vos vacances. M'avez-vous bien compris ?

– Oui, papa.

Lady Hatton prit la parole avec plus de douceur.

– Mais évidemment, nous sommes persuadés que vous voulez tous commencer vos vacances en étant sages.

Les enfants restèrent silencieux. Ils savaient qu'il était déjà trop tard pour commencer ainsi les vacances !

– Hugues, dit Sir Robert, vous montez à cheval, ce matin.

– Oui, papa.

– Comme j'ai quelques papiers à étudier, c'est William qui vous accompagnera.

A ces mots le visage de Hugues s'éclaira, et les nuages de cette première matinée se dissipèrent aussitôt. Monter en compagnie de William !

– Cette après-midi votre père et moi devons nous rendre à une réunion, reprit leur mère. J'aimerais que vous alliez tous au village porter un gâteau de riz à la vieille Mrs Higgs. Vous pourrez prendre le cabriolet. Il vaudra mieux que ce soit Laura qui le conduise. Ensuite, vous pourrez jouer dans le jardin.

– Et faites bien attention de ne pas salir ou déchirer vos vêtements, ajouta leur père, car il n'est pas question que je vous en achète de nouveaux.

– Allez, disparaissez tous dans la salle d'étude et occupez-vous avec vos livres. Surtout ne faites pas de bruit, car papa attend de la visite dans son cabinet de travail.

– Et n'oubliez pas que j'ai rigoureusement interdit de courir dans le couloir, précisa Sir Robert.

– Oui, n'oubliez pas, les enfants, renchérit leur mère.

Ils pouvaient quitter la pièce. Ils étaient sauvés ! Leur aventure n'avait pas été découverte. Et cette après-midi, après leur sortie en cabriolet, ils pourraient faire cuire les œufs de poule d'eau. En fait, l'après-midi entière leur appartenait, puisque leurs parents s'absentaient. Et dans la soirée, Tom serait avec eux !

MRS HIGGS SE MONTRA TRÈS TOUCHÉE PAR LE GÂTEAU DE RIZ. IL FERAIT UN IMMENSE PLAISIR AU PAUVRE MR HIGGS, qui était dans son lit avec un cataplasme à la moutarde sur la poitrine. Il allait être vraiment content de savoir qu'on lui avait apporté un gâteau du château. Elle fit entrer les enfants dans le petit cottage et, sous ses yeux bienveillants, ils se serrèrent les uns contre les autres dans le petit sofa rembourré de crin de cheval. Comme ils avaient grandi tous les trois ! Elle se souvenait encore de leur naissance. Elle se souvenait surtout de toute l'agitation qui avait précédé la venue au monde de Miss Laura : c'était le premier bébé ! Et ce fut encore la même effervescence avant l'arrivée de Monsieur Tom. Sans compter les grandes réceptions qui suivirent parce qu'il était un garçon. Ces souvenirs lui remettaient en mémoire leur mère lorsqu'elle était toute petite... Mademoiselle Linda Stanford. Elle était si jolie ! Et c'était l'enfant unique, l'héritière ! Son mariage avec sir Robert ? Elle s'en souvenait comme s'il s'était passé hier, et pourtant cela faisait déjà au moins quinze ans qu'il avait eu lieu. Voyons... en 1892. Puis, le premier bébé était arrivé, Mademoiselle Laura...

Mrs Higgs parlait, parlait, de sa douce voix, sautant d'une génération à l'autre, et les enfants voyaient filer leur précieux après-midi. Elle en était arrivée, à présent, à des événements plus récents. Elle prit sur la cheminée trois cailloux lisses qui ressemblaient à de petits haricots. Non sans une certaine fierté, elle raconta qu'il s'agissait de calculs qui avaient été extraits de Mr Higgs, lors d'une opération, l'an passé. Elle les leur tendit à tous trois.

– Cela à dû être douloureux, parvint à dire Laura jouant son rôle d'ainée.

Ne sachant pas quoi dire d'autre, elle ajouta :

– Je crois qu'il nous faut...

– Oh que oui ! Ça l'a été, confirma de bon cœur Mrs Higgs. Mais il est si reconnaissant d'avoir été sauvé et d'avoir pu garder son travail !

Comme presque tous les habitants du village, Mr Higgs travaillait sur la propriété de Charlecote.

Margaret s'agitait de plus en plus sur le sofa. Des crins de cheval, qui s'échappaient du sofa, piquaient ses petites jambes dodues. Laura, qui l'observait avec inquiétude, parvint enfin à prendre congé. Le poney, assura-t-elle, n'allant plus supporter très longtemps les mouches qui tournoyaient autour de lui.

CHAPITRE  DEUX

Les enfants firent encore quelques visites dans le village pour leur mère et ils étaient sur le chemin du retour, quand, soudain, Margaret se dressa dans le cabriolet et s'écria :

– Regardez, c'est la sœur de Victor ! Evie ! appela-t-elle.

– Pour l'amour du ciel ! intervint Laura.

D'un geste brusque Hugues obligea sa sœur à se rasseoir.

– Mais nous aurions pu lui raconter la fin de notre aventure de ce matin, et elle l'aurait racontée à son tour à Victor.

– Très bonne idée ! dit Laura. Après, la moitié du village saura qu'on les connaît bien, et tôt au tard papa et maman l'apprendront.

Margaret s'enfonça dans son siège, et ils poursuivirent leur chemin.

Sir Robert et Lady Hatton étaient déjà sortis lorsqu'ils arrivèrent à Charlecote. Libres de faire ce que bon leur semblait, les trois enfants rejoignirent Walter Mark dans l'office. Hugues et lui parlèrent de cricket pendant que Margaret dorlotait le chat de l'écurie qui, en temps normal, n'avait pas le droit d'entrer dans la maison. Laura, quant à elle, rêvassait, imaginant qu'elle était Tom.

Puis ils jouèrent au loup dans le jardin jusqu'à l'heure du thé. Un thé aussi frugal qu'à l'habitude, servi sans le moindre gâteau. Mais aujourd'hui ils avaient leurs trois œufs de poule d'eau, qu'ils s'empressèrent de sortir de leur cachette.

Ils décidèrent de les faire bouillir sur un feu qu'ils allumèrent dans une tranchée creusée à l'abri d'un massif d'arbustes.

Hugues était inquiet, craignant le retour de leurs parents. Laura suggéra alors d'aller chercher des arrosoirs remplis d'eau.

– Comme ça, si c'est nécessaire, nous éteindrons tout de suite le feu, et nous ferons semblant d'arroser les fleurs pour maman, tout simplement.

– Génial, dit Hugues généreusement.

Certes, Laura était une fille, et donc sa subordonnée, mais quand même, elle était une subordonnée bien utile.

Néanmoins, il n'y eut pas de raison de s'affoler. Après avoir mangé leurs œufs, ils eurent le temps de remettre leur casserole de fortune dans l'appentis, et de faire disparaître toutes les traces du feu. Ils lavèrent ensuite avec l'eau de pluie du tonneau leur visage et leurs mains enfumés, et quand ils entendirent la voiture franchir le porche d'entrée, tout était en ordre. En rentrant se changer, les parents eurent donc le plaisir de contempler le sage tableau de leurs enfants en train d'arroser les plates-bandes.

– Quelle merveilleuse journée! s'exclama Margaret en faisant joyeusement tournoyer les jets d'eau de son arrosoir.

Le soir, ils se rendirent à l'heure habituelle au salon, souhaiter une bonne nuit à leur mère. Elle fit allusion au retour de Tom.

– Papa veut que vous soyez tous au lit lorsque Tom arrivera.

Exceptionnellement il dînera avec nous. Puis il ira se coucher dans la chambre d'enfants avec Hugues. Vous dormirez déjà, bien sûr. Papa pense qu'il est préférable qu'aucun de vous ne voie Tom avant demain matin. Il sait qu'autrement vous seriez tous surexcités. Surtout, faites bien attention à ne pas faire de bruit en vous couchant, car papa a eu une journée très fatigante. Agenouillez-vous maintenant et dites vos prières.

Ils récitèrent leurs prières puis embrassèrent leur mère. Mais au moment de sortir elles les rappela :

– Si votre papa est dans son cabinet de travail, allez lui souhaiter bonne nuit.

Mais, heureusement, il n'y était pas !

Ils mangèrent rapidement leur dîner – du pain et du lait –, puis s'apprêtèrent à aller au lit. Bientôt, ils entendirent sonner le gong signalant à leurs parents que le souper était servi. Pendant près d'une heure, et parfois davantage, les enfants profitaient de ce moment pour jouer ou parler en toute liberté, sans craindre d'être dérangés ou surpris dans la chambre de l'un ou de l'autre.

– Son train doit être en retard. Ils ne l'ont pas attendu pour dîner, remarqua Laura.

– Quand Tom sera dans la salle à manger, suggéra Hugues, nous pourrons nous glisser dans l'escalier de service et Walter nous donnera de ses nouvelles.

– Peut-être qu'on pourra avoir des restes, quand les assiettes retourneront dans la cuisine, s'exclama Margaret. Je sens mon plat préféré : des pommes de terre sautées.

CHAPITRE DEUX

– Oh ! soupirèrent-ils, si seulement Tom pouvait vite arriver !

Enfin, peu de temps après, ils entendirent le bruit d'une voiture à cheval qui s'approchait. Ils s'agrippèrent aux barreaux de la fenêtre, et se penchèrent au-dessus de la cour. Lorsque la voiture eut franchi le portail, ils firent de grands signes de la main, sans appeler cependant, de crainte d'être entendus. Tom était enfin à Charlecote !

Ernest sortit sur le perron et se chargea de la malle, à l'arrière de la voiture, puis Tom et lui entrèrent dans la maison.

– Quelqu'un vient, chuchota Hugues. Vite, dans votre chambre !

Les filles disparurent aussitôt.

Un moment après une discussion s'engagea dans le hall. Il reconnut la voix de Tom, qui se trouvait certainement au pied de l'escalier, puis celle à l'accent étranger d'Hortense, la femme de chambre française.

– Non, non, disait cette dernière, Sir Robert vous attend. Vous devez tout de suite les rejoindre à table.

– Mais je peux quand même les voir avant ?

– Non, ils sont couchés et ils dorment. Allez dépêchez-vous !

Hugues étouffa un éclat de rire.

Les enfants attendaient. Tout était parfaitement organisé.

En un éclair, ils se retrouvèrent dans le petit corridor, dévalèrent l'escalier de service et surgirent devant Ernest qui apportait le dîner de Tom. Il faillit tout renverser lorsqu'ils fondirent sur lui.

– Coucou ! lança Hugues. A nous les pommes de terre sautées !

– Pas trop, je vous en supplie, sinon Madame la Baronne le verrait. Elle sait combien il en restait au chaud.

Hugues en prit juste assez pour chacun d'entre eux.

– Ça suffit, maintenant, gronda Ernest, inquiet.

A cet instant une clochette sonna et il se dirigea rapidement vers la salle à manger pendant que les enfants se partageaient les pommes de terre.

– Il faut maintenant trouver Walter pour connaître les dernières nouvelles, dit Laura.

Ils n'eurent pas à attendre longtemps, car Walter apparut bientôt. Il marqua un temps d'arrêt et, comme s'il annonçait un hôte de marque, déclara :

– Madame la Baronne me charge de vous dire que vous avez volé son bien. Sir Robert, qui est furieux, arrive sur-le-champ.

Les enfants le fixèrent, pétrifiés. Mais ils remarquèrent vite le sourire de Walter. Laura lui saisit la main et dit :

– Oh ! il ne faut pas nous effrayer ainsi, Walter ! Dites-nous plutôt ce qu'ils se racontent.

– Et bien, Monsieur Tom a l'air en bonne santé, et Sir Robert lui a demandé s'il avait fait des progrès en cricket et dans ses études.

– Et alors ? interrogea Hugues avec anxiété.

– Je pense qu'il s'est bien débrouillé

partout. Puis est venue l'éternelle question d'argent, car Monsieur Tom est trop dépensier. Sir Robert lui a reproché, je crois, d'avoir pris un fiacre pour traverser Londres, et Madame la Baronne lui a demandé comment il aurait pu transporter sa malle sans l'aide d'une voiture ! Ah oui ! elle a aussi ajouté qu'on pourrait peut-être organiser un jour une petite réception pour vous tous, mais Sir Robert a répondu que c'était de l'argent gâché, et que les gens ne venaient à ces fêtes que par intérêt. D'ailleurs son père lui disait toujours qu'il existait trop de façons de dépenser de l'argent, et qu'il fallait s'en méfier. Et ma foi, c'est bien vrai.

A cet instant, la sonnette retentit à nouveau, et Walter dut les quitter. Les enfants montèrent à l'étage où ils disparurent aussitôt.

Un peu plus tard, lorsque Tom alla se coucher, aucun d'entre eux ne dormait encore ; chacun l'attendait, bien éveillé. Laura et Margaret se précipitèrent dans sa chambre. Elles trouvèrent Hugues assis dans son lit, tandis que Tom à califourchon sur le cheval à bascule, s'amusait à prendre l'allure d'un général chevauchant à la tête de son armée.

– Maman a dit que vous aviez été sages pour le premier jour de vos vacances ; et, bien-sûr, papa m'a prévenu : je ne dois pas vous entraîner à faire des sottises, sinon, nous serions tous punis.

– Mais, on n'a pas du tout été sages ! protesta Margaret avec flamme.

– On a descendu la rivière pour trouver des œufs de poule d'eau, ajouta Laura.

– Nous avons vu Victor et je suis même tombé à l'eau, précisa Hugues.

– Alors Tom, que nous proposes-tu pour demain matin ? demanda Laura.

Mais Tom n'aimait pas dévoiler ses projets, même s'il dirigeait toujours les opérations. Il se contenta de bâiller mollement.

– J'en connais un qui a besoin de se reposer, dit-il. On verra plus tard.

Ils étaient tous déçus, mais ne discutèrent pas sa décision. Après tout, ce n'était pas une capitulation, ni une retraite qu'ordonnait leur général, mais plutôt un bivouac. Tom bâilla à nouveau. Un énorme bâillement, plus au moins exagéré.

– En tout cas, j'en connais un qui va se coucher, conclut-il.

L'horloge des écuries indiquait maintenant dix heures. Les enfants du château étaient enfin endormis et les serviteurs s'apprêtaient à leur tour à rejoindre leur chambre. Les seules personnes encore debout étaient lady Hatton, dans la bibliothèque, sir Robert dans son cabinet de travail et Walter qui frappait justement à la porte pour s'enquérir des dernières instructions. Sir Robert était plongé dans les comptes du domaine.

– Je désire ne pas être dérangé, dit-il. Que personne ne s'occupe des lampes et des cheminées. J'en prends la responsabilité.

– Très bien, sir Robert.

Walter ferma la porte en se retirant. Il avait le sentiment que quelque chose allait se passer cette nuit-là.

CHAPITRE DEUX

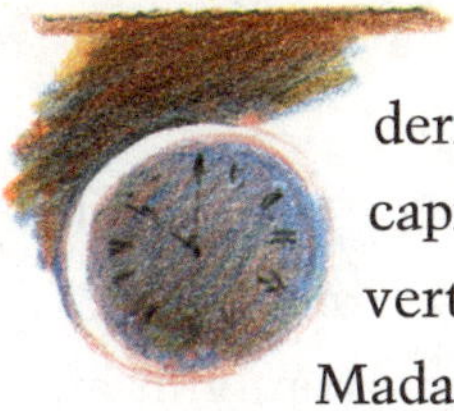

Avant de gagner sa petite chambre, située derrière l'office, il entrouvrit légèrement la porte capitonnée. La porte du cabinet de travail était ouverte, la pièce vide. Sir Robert avait du rejoindre Madame la Baronne qui lisait dans la bibliothèque. Voilà qui signifiait des ennuis, et Walter pensait bien deviner lesquels. Il laissa avec soulagement la porte qui séparait son monde du leur se refermer. Puis, il se dévêtit, se glissa dans son lit en chemise, et moucha sa chandelle.

Comme toujours, Walter Mark avait raison. En effet, dans la bibliothèque, sir Robert entretenait sa femme des problèmes de la propriété. Lady Hatton, le regard fixé sur les flammes de la cheminée, écoutait son mari. Et malgré la chaleur du feu, elle frissonnait.

A l'époque de leur mariage, le grand domaine dont elle avait hérité se trouvait en faillite. Elle savait que c'était grâce à l'argent de son mari et à son sens aigu des affaires que Charlecote avait été sauvé. Elle savait également qu'aujourd'hui, les efforts de sir Robert ne pouvaient plus suffire. Elle savait enfin qu'il haïssait cet endroit.

– Le régisseur, commença sir Robert, me dit que nous n'arrivons pas à louer deux de nos fermes. C'est grave. Il suggère de vendre.

– Mais je ne peux accepter qu'on vende une partie de l'héritage de Tom.

Tom était l'héritier, ce qui justifiait toute l'importance apportée à son éducation. Lady Hatton avait pleuré avec amertume à la naissance de Laura : elle était une fille ! Quand Tom vint au monde, elle avait décrété aussitôt qu'ils devaient avoir un autre fils, pour le cas où Tom viendrait à disparaître. Hugues naquit donc. Puis Margaret ; mais cette fois sans raison précise.

Sir Robert continuait, opiniâtre :

– Le régisseur propose que nous vendions la ferme du bas. Elle est assez éloignée.

A ces mots, Lady Hatton détourna les yeux du foyer et regarda son mari.

– L'impertinence de cet individu ! La ferme du bas était la ferme préférée de mon père. C'est là qu'il avait ses écuries de course.

– Linda, vous ne comprendrez donc jamais que les temps ont changé et que nous ne pouvons pas – c'est absolument impossible – ne pas évoluer. Cette ferme doit être vendue !

– Mais c'est là qu'il avait ses chevaux de course, répéta Lady Hatton. Les pistes existent encore. Un jour, Tom ou Hugues pourront y entraîner leurs chevaux, tout comme l'a fait mon père.

– Ni Tom, ni Hugues ne s'intéressent aux chevaux. Hugues a même peur des chevaux. Il n'y a guère que Laura qui aime les chevaux, et c'est une fille. Quoiqu'il en soit cette ferme doit être vendue.

– Non. C'est impossible.

– Elle doit être vendue. Ce n'est qu'une petite parcelle de la propriété. La vente libérera des fonds qui permettront d'entretenir le reste.

– Non.

Sir Robert tendit à sa femme les papiers qu'il avait en mains. Il lui fallait sa signature pour obtenir le droit de mise en vente. Le refus de Lady Hatton l'avait irrité sans le surprendre vraiment. Il gardait cependant son calme car il savait qu'elle finirait par signer. Elle le savait également. Elle se leva, laissant glisser à terre le livre qu'elle lisait et, résignée, conclut :

– Puisqu'il faut vendre, je vais donc signer.

Le lendemain matin, la gouvernante découvrit le livre de Madame sur le parquet de la bibliothèque, ainsi qu'une chandelle consumée. Elle réprimanda Ernest, le valet de pied, qui la renvoya à Monsieur Mark. Celui-ci lui apprit que Sir Robert s'était chargé personnellement de l'extinction des lampes. Il ajouta que, d'après lui, on avait encore parlé hier soir des éternels problèmes d'argent.

LA VIE QUOTIDIENNE DE LA PLUPART DES ENFANTS EST RAREMENT AVENTUREUSE. CELLE DES JEUNES HATTON NE faisait pas exception à cela. Leur petit univers leur semblait certes riche de péripéties, mais ces aventures étaient le plus souvent le fruit de leur imagination. Et quand ils décidaient de partir en expédition, ils ne s'avançaient jamais vraiment au-delà de la limite du domaine, domaine si vaste d'ailleurs, qu'il recelait lui-même des dangers.

Pour commencer, il y avait le château. Ils savaient où et quand ils pouvaient rire et courir, où et quand ils devaient être silencieux et marcher sur la pointe des pieds. Il y avait les ennemis et ceux dont on se méfiait un peu. Presque tous les domestiques les aimaient bien, depuis Walter Mark jusqu'à l'homme à tout faire, qui venait récupérer les restes pour lui ou ses cochons, dans la poubelle située à l'entrée de la grande cuisine. En revanche Hortense, la femme de chambre française de Lady

Hatton, était une véritable espionne doublée d'une moucharde. Il fallait également, à tout, prix éviter de croiser dans ses cuisines Mrs Ashley, la cuisinière, pourtant anglaise jusqu'au bout des ongles ! N'avait-elle pas, une fois, poursuivi, une casserole à la main, une aide-cuisinière qui avait fait trop cuire les légumes ou perdu trop de temps à la vaisselle ? Elle avait un faible pour Hugues, mais avait cependant, dénoncé Laura qui avait dérobé de la pâte à pain pour faire des appâts pour la pêche. Il est vrai que ce jour-là, Mrs Ashley était en train de préparer un déjeuner auquel avait été convié un grand nombre d'invités.

Les enfants se tenaient donc éloignés des cuisines, et évitaient, par précaution, les endroits où pouvait se tenir leur père. Ils glissaient, aussi silencieux que des ombres, devant la porte de son cabinet de travail. Jamais ils n'auraient osé y mettre un pied à moins d'y être obligés.

Sir Robert reprenait toujours ses mêmes thèmes favoris pour les sermonner. Il se plaignait continuellement des dépenses ruineuses qu'entraînait leur éducation. Quand il était seul avec Tom, il lui reprochait les frais qu'occasionnaient ses études et son manque de reconnaissance. Il accusait Hugues de paresse ; une paresse qui le mènerait, de toute évidence, à casser des cailloux pour survivre. Quant à Laura, il était peu probable qu'elle fît jamais un beau mariage. Et s'il ne disait rien à Margaret, c'est qu'il l'ignorait. Son dédain aurait pu terriblement affecter la cadette, mais Margaret était en fait tout simplement ravie de passer inaperçue.

Le cabinet de travail, haut de plafond, était sombre et étroit. Il y avait quelques mauvaises chaises, réservées au régisseur, aux fermiers ou au notaire de la famille. C'est de ce lieu que Sir Robert dirigeait les affaires de la propriété. Son bureau occupait presque toute la largeur de la pièce, face à la fenêtre. Aucun des enfants ne se serait jamais permis de passer devant cette fenêtre lorsqu'ils étaient dehors. Même en l'absence de Sir Robert, ils évitaient cette partie très particulière de la cour gravillonnée.

Ils jouaient plus librement dans les jardins, parmi les buissons, ou alors s'amusaient à disparaître au sommet des arbres. Le cèdre géant du Liban était leur refuge préféré.

Au-delà s'étendait le grand parc de Charlecote et les bois où vivaient leurs amis, comme, par exemple, Dan Power. D'après ce dernier, le mur qui ceinturait le domaine mesurait près de cinq kilomètres de long. De l'autre côté se trouvaient les fermes et le village de Charlecote.

Il existait un moyen de franchir la limite du parc. Il suffisait de se glisser à travers une palissade à moitié démolie, et cachée par des branches basses qu'on écartait pour libérer le passage. C'est par là que s'introduisaient les enfants du village qui voulaient ramasser du petit bois pour le fourneau de leur mère. C'est aussi par là que, pour la première fois, apparut Victor.

Comme eux, il cherchait des nids d'oiseaux. Ils le fixèrent, interdits. Quant à Victor, juché en un précaire équilibre sur un arbre, c'est à peine s'il les regarda. L'hostilité aurait pu se déclarer entre eux si Victor n'était pas tombé de son arbre et n'avait pas saigné du nez sur la robe de Margaret. Les enfants s'empressèrent de le secourir; cet incident les rapprocha. Contrairement aux premières apparences, ils se prirent d'amitié.

Victor était différent des autres enfants du village, tout comme il était différent des enfants Hatton. Ses vêtements étaient certes très raccommodés, mais ils lui appartenaient. Les enfants du village, eux, portaient généralement les vêtements usagés de leurs parents. Ce n'étaient que vestes et pantalons en loques, robes grossièrement raccourcies et souliers trop grands. Autant de vêtements inadaptés à leur petit corps menu.

Et puis, Victor n'avait pas peur. L'intérêt qu'il manifestait pour tout ce qui l'entourait émanait d'une véritable curiosité. Sa famille était venue de Londres parce que son père devait prendre le poste de maître d'école de Charlecote. Mais derrière la porte capitonnée, il se disait que Mr Tomlin était en vérité venu uniquement afin qu'Evie profite de l'air pur de la campagne. Quand Tom parlait de Victor, il disait de lui qu'il n'était qu'un gamin des villes, mais il ajoutait loyalement que malgré cela, il apprenait vraiment très vite.

Il voulait connaître tout sur les arbres – et accessoirement comment éviter d'en tomber. Il voulait également tout savoir sur les oiseaux, sur leurs nids et leurs œufs, découvrir les poissons et la rivière. Il désirait vraiment tout apprendre !

Au début, les enfants du château savouraient l'impression d'être des experts – voir, des oracles. Mais Victor les rattrapa bien vite, devint leur égal puis leur ami. Un ami secret, bien sûr, et qu'on ne rencontrait pas souvent.

En ce début de vacances, Hugues espérait profiter davantage de la compagnie de Victor ; mais Tom avait une autre idée en tête, et repoussa vite les propositions des autres.

– Et si on traversait le parc jusqu'à la deuxième porte ? suggèra Margaret. Là, on pourrait trouver des champignons.

– Trop tôt, répondit Tom.

– Mais peut-être qu'on verrait Victor ? dit Hugues. Parfois, il joue là avec les garçons du village.

– Je le trouve un peu jeune, dit Tom en fronçant les sourcils.

– Oh ! Il est juste un peu plus jeune que moi, répondit Hugues.

– Mais beaucoup plus jeune que moi, trancha Tom.

– Vous savez, intervint Laura, pas ce dimanche mais l'autre, quand nous étions à l'église et que Victor est entré dans le chœur, Hugues lui a fait des silhouettes d'animaux avec ses doigts et Victor a presque éclaté de rire !

Laura aimait bien Victor, malgré son jeune âge ; et puis, après tout, ils n'avaient aucun autre ami, garçon où fille.

– Moi, j'aimerais bien jouer avec Evie. J'aimerais qu'on les invite à la maison pour jouer avec nous, dit Margaret.

Tom ne put s'empêcher de rire devant sa naïveté!

– Maman aurait une attaque! Et puis, papa dit que leur père répand au village de mauvaises idées, parce qu'il veut que les jeunes améliorent leurs conditions de vie. Papa dit aussi que Victor ne se découvre pas comme il le devrait pour saluer.

Un morne silence s'ensuivit. Alors Tom toussota et déclara:

– A vrai dire, je pensais que nous aurions pu aller à pied à Honeford. Il y a là un garçon que je connais.

Tous l'écoutaient, stupéfaits.

– Il est au collège avec moi. Ses parents sont venus le voir et ont pu l'emmener prendre le thé. Ils m'ont aussi invité.

– Qu'as-tu eu à manger avec le thé? demanda aussitôt Margaret avec envie.

Laura lui jeta un regard courroucé.

– Continue Tom, dit-elle.

– Ils ont vraiment été gentils. Ils ont dit qu'ils espéraient que je pourrais venir leur rendre visite en cabriolet, puisque nous n'habitions pas très loin de chez eux. Je n'ai pas osé leur dire que je ne pourrais pas venir.

– Sont-ils de grande famille?

– Non. Ils m'ont dit que leur maison était des plus modestes, et qu'ils espéraient que je ne la trouverai pas minuscule comparée à Charlecote.

– A quoi ressemble ce garçon?

– Il a mon âge et il ne nous ressemble pas du tout; il ne chasse pas à courre, ni à pied. Mais il a une bicyclette.

CHAPITRE  TROIS

– Il a une bicyclette à lui tout seul !... au lieu d'un cheval !

Hugues n'en revenait pas.

– Si nous avions des bicyclettes, reprit-il, nous pourrions parcourir des kilomètres et des kilomètres tous ensemble ! On pourrait aller là où on voudrait !...

– Cela me plairait de pouvoir aller très loin ; mais je préfère tout de même avoir un cheval plutôt qu'une bicyclette, dit Laura.

– Pas moi, affirma Margaret. Un cheval, on ne sait jamais ce qu'il va faire. Et quand on s'y attend le moins, il s'arrête, repart, fait un écart et...

– Bon ! On y va ? demanda Tom.

Et sous son commandement, ils se mirent en route.

Tout d'abord ils marchèrent en parlant entre eux... Puis Laura et Hugues se turent. Ils essayaient d'imaginer la visite impromptue qui s'annonçait. Seule Margaret continuait de babiller.

– Est-ce qu'ils ne vont pas être surpris de nous voir à quatre au lieu de toi tout seul ? Et quand ils sauront qu'on a fait tout ce chemin à pied ! Ils le devineront bien à cause de la poussière. Y aura-t-il un bon goûter pour nous, Tom ? Et s'ils ne sont pas là ? Dans

ce cas, peut-être que les serviteurs nous donneront quand même à goûter ? Est-ce que ton ami s'attend à ce que tu l'invites à son tour ? Ou est-ce que tu lui as dit que papa trouve que tout ça, c'est de l'argent gâché ?

Enfin Margaret finit par se taire. Les quatre enfants marchaient avec peine. La route était poussiéreuse et le soleil brûlant. Soudain, Tom s'arrêta.

– C'est trop loin, dit-il.

– Mais nous ne sommes pas fatigués, protesta Laura. Tu l'es, toi ?

– Bien sûr que non, répondit Tom avec humeur. Mais regarde Meg. Elle est trop petite pour faire tout ce chemin.

– Oh, s'il y a un bon goûter et si on peut se reposer..., commença Margaret.

Mais Tom avait sorti sa montre en nickel de son gousset.

– Non. Nous n'aurons pas le temps. On va remarquer notre absence et nous serons grondés.

– Je préfère continuer, même si je suis fatiguée, insista Margaret. Comme ça, on pourra goûter chez l'ami de Tom.

La faim et la gourmandise la rendaient têtue.

– Non, répéta Tom. Il faut faire demi-tour.

Puis, malicieusement, il ajouta :

– Mais on pourrait passer chez Mrs Dillworth.

Mrs Dillworth tenait la petite épicerie du village et vendait, parmi beaucoup d'autres choses, des bonbons. L'ennui, cependant, était qu'aucun des enfants n'avait la moindre pièce. Tom réfléchit quelques instants. Il était impensable d'acheter quoi que ce soit à Mrs Dillworth sans payer. Mais d'un autre côté, cette dame âgée était bonne; et n'avait-elle pas un faible pour Tom ? Depuis qu'il était pensionnaire au collège, l'épicière ne le voyait plus souvent. Il fut donc entendu que les autres continueraient lentement leur chemin, pendant que Tom rendrait visite à Mrs Dillworth.

Tom entra hardiment dans la boutique. Au tintement de la clochette, la vieille dame sortit de l'arrière-boutique où elle était occupée. A la vue du jeune garçon, elle leva les bras au ciel, autant de surprise que de plaisir.

– Oh ! s'écria-t-elle, Monsieur Tom ! Je vous ai à peine reconnu. Comme vous avez grandi ! Vous voilà devenu un beau monsieur. Eh bien, que vais-je pouvoir vous donner ?

– Rien, merci Madame Dillworth. Je passais par là et j'ai pensé que je pouvais venir vous rendre une petite visite. Mes sœurs et mon frère ont continué leur chemin, et je dois les rattraper. Il ne faut pas que nous soyons en retard à la maison. C'est pourquoi je ne peux pas rester bien longtemps.

Il lorgna les grandes boîtes alignées sur une étagère, derrière Mrs Dillworth, et les gros pots en verre posés sur le comptoir.

– Il faut que vous preniez une pâte de réglisse, dit Mrs Dillworth. C'est tellement gentil de venir ainsi rendre visite à une vieille dame ! Je n'oublierai jamais la fois où vous êtes venu à ma rencontre pour me prendre par la main, quand vous étiez petit. Vous disiez que je pouvais tomber sur la glace dans la cour des écuries. Vous souvenez-vous ? Je rapportais un paquet qu'un porteur avait déposé dans ma boutique par erreur. Oh oui ! Moi je m'en souviens bien !

Tom souriait à ce que disait Mrs Dillworth, mais aussi au spectacle de ses mains occupées parmi les boîtes et les bocaux.

– Voici une pâte de réglisse, et une barre de chocolat. Mais il ne faut pas oublier le frère et les sœurs.

Elle glissa quatre barres de chocolat dans un sac qu'elle tendit à Tom avec la pâte de réglisse. Alors qu'il se penchait par-dessus le comptoir pour saisir le petit sac, la vieille dame l'embrassa. Tom, rougissant, murmura :

– Au revoir et merci beaucoup Madame Dillworth.

Il rattrapa en courant Hugh, Margaret et Laura qui s'étaient arrêtés, fixant sur lui de grands yeux interrogateurs :

– As-tu quelque chose ?

– Une pâte de réglisse et ça.

Il leur tendit triomphalement le petit sac.

– Des bonbons ? demanda Margaret.

– Mieux encore, du chocolat !

Il leur donna à chacun une barre, se réservant la pâte de réglisse, ce qui ne lui attira aucun reproche. En fait, Tom avait décidé de la garder pour eux tous en cas de disette, bien qu'une pâte de réglisse soit difficile à partager. Mais peut-être valait-il mieux l'offrir à Walter qui aimait bien les sucreries ?

Le chocolat dura jusqu'à ce qu'ils arrivent à l'entrée du parc. Là, Tom les fit tous arrêter.

– Vous vous rappelez ? C'est toujours ici, au début de chaque vacance, que nous faisons nos vœux. Il faut tous regarder le soleil couchant, et surtout personne ne doit dire quoi que ce soit avant d'avoir formuler son vœu.

Les quatre enfants restèrent silencieux. Puis, Tom tapa du pied, signalant ainsi que les vœux devaient avoir été prononcés.

– Je souhaite chaque année la même chose, dit Hugues.

– De n'entrer ni dans la marine, ni dans le clergé. N'est-ce pas ? dit Laura avec compassion.

C'étaient là les deux carrières qu'on jugeait particulièrement convenables pour les cadets de Charlecote.

– Oui. Et grandir aussi vite que possible pour pouvoir être libre de voyager et d'explorer le monde, renchérit Hugues.

– Moi aussi, je voudrais grandir et faire quelque chose reprit Laura. Et pas seulement me marier plus tard. Bien sûr j'aimerais me marier et avoir des enfants, surtout des garçons. Et je vivrais dans une grande maison avec de grands jardins et des fermes.

– Ton rêve ressemble à Charlecote, remarqua Tom.

– C'est moi qui m'occuperais de tout cela, et mon mari pourrait compter sur moi pour bien gérer le domaine. Nous ferions en sorte que toutes nos fermes et toutes nos dépen-

dances rapportent bien. Nous aurions beaucoup d'argent, et puis des chevaux splendides à monter. Les réceptions que nous donnerions seraient magnifiques et celles où on irait aussi. Et puis tous mes enfants auraient plein d'amis.

– A ton tour, Meg, dit Tom.

– Je ne pense pas que je désire vraiment me marier et avoir des enfants, répondit-elle. On dirait que ça donne toujours des soucis. Mais j'aurais plein, plein d'animaux : quatre chiens et deux chats. Et je voudrais que vous habitiez tous tout près, pour qu'on puisse se voir tous les jours.

– Evidemment ! s'exclamèrent-ils en chœur.

C'était maintenant à Tom de parler. Il hésitait.

– Je suis un peu comme Hugues. Je sais ce que je ne veux pas devenir, être comme papa. Mais je crois que mon véritable souhait, c'est d'être soldat. J'aurais alors des aventures comme les soldats qui sont partis à la guerre, en Afrique du Sud*.

Tous regardèrent Tom en silence, puis Hugues souffla :

– Tu pourrais être tué.

– Non, répondit Tom. Je ferais très attention. Je tirerais sur l'ennemi avant qu'il me voie. Ce que j'aimerais faire, c'est quelque chose de très courageux.

– Tu es déjà courageux, Tom, affirma Margaret.

---

* *La guerre des Boers* qui opposa, entre 1899 et 1902, les descendants des premiers colons européens en Afrique australe – les Néerlandais (les Boers) –, rejoints par les émigrés allemands, scandinaves et français, à l'autorité britannique. Les Britanniques sortirent vainqueurs de cet affrontement.

– Non, rectifia-t-il. Je sais que vous pensez que je le suis. Moi, je sais que je ne le suis pas.

Son ton était si farouche qu'aucun n'osa le questionner.

– Je veux être soldat. Ça m'obligera à être brave et si j'y arrive, eh bien tout le monde le saura et ce sera fantastique.

Il y eut un silence respectueux. Puis Hugues demanda :

– Et que se passera-t-il quand tu hériteras de Charlecote ?

– D'abord je ferai de grands changements. Ce sera partout magnifique et il y aura toutes sortes d'activités. Et je fermerai les pièces où nous avons été malheureux, comme le cabinet de travail de papa. Et puis si je n'ai pas les moyens de vivre à Charlecote comme je le veux, eh bien, je le vendrai.

– Oh ! Ne dis jamais cela à maman, dit Laura.

– Evidemment. N'importe comment, j'espère avoir beaucoup d'argent.

– Et une femme riche, suggéra Margaret.

– Oui, oui, bien-sûr. Mais peut-être que finalement j'aimerai quelqu'un de pauvre et que je l'épouserai quand-même. Mais en tout cas, s'il y a assez d'argent pour vivre convenablement à Charlecote, j'aimerais que vous viviez tous avec moi, ou alors que vous habitiez très, très près.

– Ça oui alors, confirma Laura.

Hugues hocha la tête tandis que le visage de Margaret s'épanouissait. C'était là pour eux, et depuis toujours, une évidence.

– Allons, maintenant, décida Tom.

Le petit groupe s'éloigna en direction la maison.

LE SOIR, TOM LEUR ANNONÇA :
– DEMAIN NOUS NOUS LEVONS TÔT. NOUS DEVONS TOUS ÊTRE DEBOUT À CINQ HEURES PILE.

Tom avait donc imaginé quelque chose... Margaret était enchantée, mais Hugues et Laura semblaient plutôt inquiets. Hugues, en effet, estimait que Tom était parfois un peu trop audacieux. Il était certainement très courageux, mais aussi imprudent. Une fois, Hugues avait dû grimper sur le toit à trois pentes, avant de redescendre le long d'une gouttière qu'il avait failli lâcher. Et tout cela pour découvrir quelle espèce d'oiseau avait construit son nid dans la gouttière. Et en fait, il ne s'agissait que d'un étourneau, au grand désappointement de Tom. Au fond de lui-même, Hugues reconnaissait qu'il se sentait davantage en sécurité en compagnie de ses sœurs. Mais malgré ce sentiment, il était évident qu'il aurait bravé tous les dangers pour

Tom. Laura partageait ce sentiment. Enfin, presque toujours; car plus d'une fois il lui était arrivé de se rebiffer contre Tom. Têtue comme une mule, elle s'obstinait et répétait :

– Non, non et non. C'est moi l'aînée et c'est moi qui serais grondée. J'ai dit : non.

– Mais si c'est moi qui le fais, je serai grondé bien plus fort, répliquait Tom. Papa t'aime plus que moi, et en plus tu es une fille.

– Eh bien, justement. Ça ne me plaît pas. J'aurais préféré être un garçon et, dans ce cas, ça ne m'aurait pas dérangé. Mais là, c'est non.

Rien ne semblait pouvoir ébranler sa décision. Alors Tom se mettait à rire et disait :

– Bon, d'accord, on va faire autre chose.

Cette fois, cependant, l'idée de Tom fut bien reçue.

Il annonça qu'il avait deux plans. Le premier consistait à aller marauder dans le verger. Les enfants semblaient n'avoir jamais assez à manger, qu'il s'agisse des repas pris dans la salle d'étude ou avec leurs parents dans la salle à manger, et une expédition apte à assurer le ravitaillement ne pouvait qu'emporter leur accord... Telle une bande de guérilleros, ils commencèrent à s'organiser pour vivre sur le pays.

La porte du verger était verrouillée, mais il y avait une échelle bien commode dans un appentis adossé aux écuries. Elle mesurait presque quatre mètres, ce que Tom estimait suffisant pour franchir le mur. Les quatre enfants s'en saisirent, chacun par un barreau. Puis l'ayant soulevée d'un même mouvement, ils avancèrent en procession sur le chemin qui menait de la porte de derrière au verger. Aucune fenêtre ne donnait sur cette allée. De toutes les manières, il était bien trop tôt pour croiser quelqu'un dans ces parages. Même Phillips, le jardinier en chef, qui passait de longues heures dans son jardin. Cependant, alors qu'ils approchaient du grand mur du verger, Laura s'inquiéta de l'heure. Seul Tom avait une montre.

– Cinq heures et quart, annonça-t-il.

– Bon. Ça va, dit Laura. La porte du jardin n'est pas ouverte avant six heures. Mais il faut faire vite à cause de Phillips.

– Tu as peur de lui ?

– Non ! mais je ne voudrais pas qu'on lui attire des ennuis. Il est si gentil. Vous vous souvenez, l'an dernier, quand il nous a invités à goûter ?

– Oh, oui ! Je m'en souviens bien, répondit Margaret. Même que Mrs Phillips a dit à Hugues : « Servez-vous. » Jamais maman n'aurait dit ça.

CHAPITRE QUATRE

– Et je me suis bien servi ! poursuivit Hugues. Même après, une fois que j'ai eu fini, elle me l'a encore dit.

Hugues restait songeur. Tom les ramena à la réalité.

– Allez, dépêchez-vous avec cette échelle. Soulevez-la pour la mettre debout.

Une fois l'échelle dressée, Tom l'équilibra contre le mur.

– Ça ira, dit-il. Maintenant, Hugues, à toi de grimper pour vérifier qu'il n'y a personne dans les environs.

Hugues monta et regarda par-dessus le mur. Devant lui s'étendait un paradis de fruits : des plates-bandes de fraises, de framboises ; des buissons de groseilles à maquereaux et, protégés par des filets, des espaliers portant des pêches et des abricots. Plus loin se trouvaient les serres, où raisins, melons et ananas mûrissaient. Et pas un être humain à l'horizon.

Hugues leur confirma que la voie était libre, mais il ajouta, soucieux :

– Vous savez qu'il faudra sauter une fameuse hauteur pour atterrir de l'autre côté du mur…

– Et alors ? répliqua Tom. Il suffira de monter un par un, puis une fois assis en haut, sur le mur, nous tirerons l'échelle pour la passer de l'autre côté. Ce n'est pas si difficile.

Bien que peu aisée, la manœuvre fut parfaitement réussie : l'échelle se trouva enfin dans le verger. Mais, hélas, à l'envers ! Certaines échelles peuvent, indifféremment, être posées dans les deux sens. Ce n'était pas le cas pour celle-ci dont les montants étaient plus larges à une extrémité qu'à l'autre. Elle avait

CHAPITRE QUATRE

été conçue pour n'être stable que sur sa plus large base. Dressée à l'envers, et donc les pieds en haut, elle s'avérait particulièrement instable.

– Je vais la maintenir très fort pendant que vous descendrez tous les trois, dit Tom. Quand vous serez arrivés en bas, tenez-la de toutes vos forces, pendant qu'à mon tour je descendrai.

Enfin ils se retrouvèrent tous quatre à terre, sains et saufs.

– Mais comment allons-nous faire pour revenir ? s'inquiéta Hugues. Faudra-t-il vraiment que nous nous remettions à califourchon sur le mur, et que...

Tom interrompit Hugues.

– Non, non, j'ai une meilleure idée. Regarde : il y a une clé du jardin accrochée au mur, à côté de la porte. Nous sortirons tout simplement par la porte. Bon, venez maintenant, il faut se dépêcher de prendre des fruits.

– On n'a qu'à laisser de côté les groseilles, suggéra Laura. De toute façon maman va nous en donner dimanche.

– Alors on va prendre des pêches, dit Tom, et des abricots. Disons quatre chacun. Faites attention à ne pas déchirer les filets. Après, rassemblement à l'échelle.

En quelques minutes ce fut chose faite. Leurs poches étaient gonflées de fruits.

– Il y a de la fumée qui commence à sortir de la cheminée de Phillips. Il doit être réveillé.

– Alors, vite, il faut se dépêcher.

Ils ôtèrent l'échelle du mur, et de nouveau la transportèrent, chacun tenant un barreau, jusqu'à la porte du verger qu'ils ouvrirent et franchirent. Il n'y avait toujours pas âme qui vive alentours. Margaret eut un petit rire de soulagement lorsque, enfin, ils se retrouvèrent hors du verger.

– Mais on ne peut pas verrouiller la porte derrière nous ! s'exclama Laura.

– Ce n'est pas grave, répondit Tom. Il n'y a qu'à bien la tirer. Phillips croira qu'il a simplement oublié de tourner la clef hier soir. Et puis, s'il remarque des traces de pas, il pensera que des garçons du village sont entrés par cette porte.

– Mais il ne faut quand même pas leur attirer des ennuis, dit Hugues.

– Bien sûr. Phillips ne dira rien, vous verrez, parce qu'il pensera que c'est de sa faute.

Les trois enfants n'étaient pas aussi convaincus que cela, mais Tom se moqua de leurs craintes. Selon lui, il n'y avait aucun risque qu'ils soient découverts.

L'échelle rangée, les quatre enfants se dissimulèrent dans les massifs d'arbustes pour déguster tout à loisir les fruits, en réfléchissant au nouveau plan que Tom proposait.

– J'ai souvent pensé, articula-t-il lentement, qu'il existait certainement un passage souterrain menant de notre puits à la rivière.

– Eh bien, pas moi ! répondit catégoriquement Hugues, qui ne se voyait absolument pas en train de vérifier cette hypothèse.

Tom fronça les sourcils.

– De toute façon on ne risque rien à voir si c'est possible, dit-il. Car après tout on voit bien une espèce de passage voûté dans la paroi du puits. J'ai vraiment l'impression que, d'une façon ou d'une autre, le puits à été relié à la rivière, il y a des centaines d'années. Sans doute pour s'évader.

S'évader !... voilà qui commençait à devenir intéressant. Mais tous restaient, cependant, quelque peu sceptiques.

– Je suppose que le puits n'a pas de fond, s'inquiéta Hugues.

– Si, répondit Tom. Je l'ai vérifié avec une perche, il n'y a pas longtemps. Il doit faire trois mètres de profondeur. Il y a une échelle double dans l'appentis qui devrait faire l'affaire, et il y a là aussi une vieille caisse de thé.

– Une vieille caisse de thé ?

– Oui. Elle pourrait servir de barque pour celui – ou celle – qui partira en exploration.

Quelques instants plus tard ils étaient tous autour du puits, avec l'échelle et la caisse. En se penchant par-dessus la margelle, il était en effet possible d'apercevoir une espèce d'arche sombre, à moitié immergée.

– Bien, dit Tom. Qui va monter dans la caisse ?

De toute évidence la caisse était trop petite pour Laura ou

pour Tom. Hugues aurait peut-être réussi a se glisser dedans, mais c'était Margaret qui pouvait s'y trouver la plus à l'aise. Elle-même dut en convenir.

– Mais elle peut couler ? s'inquiéta-telle.

– Non, répondit Tom. Et puis je serai là. Je vais descendre le premier l'échelle avec la caisse et je serai en bas pour t'aider à t'y installer. Après, tu n'auras qu'à pagayer avec cette petite planche jusqu'à l'arche. Là, tu regarderas si c'est le début d'un souterrain. On décidera ensuite de ce qu'on fera.

Si Margaret était craintive de nature, Hugues et Laura ne débordaient guère d'enthousiasme. Ils se taisaient, mais leur silence marquait leur désapprobation. Tous deux souhaitaient que Tom abandonne son projet.

Tom, cependant, faisait la sourde oreille.

– J'y vais, dit-il en disposant l'échelle dans le puits.

Il descendit ensuite la caisse, ce qui ne fut guère facile car il y avait juste assez de place pour l'échelle, la caisse et lui-même. Enfin, il y parvint et la barque improvisée fut mise à l'eau.

– Maintenant, à ton tour, Meg, cria-t-il.

Meg, plutôt pâle, commença à descendre l'échelle, les mains de Tom guidant ses pieds. Quand elle l'eut rejoint, il la souleva doucement et l'installa dans l'embarcation. Meg poussa un de ses petits cris :

– Oh ! Retiens-moi. Retiens la caisse !

– Tout va bien, la rassura Tom. Calme-toi, et ne bouge pas jusqu'à ce que je te donne la pagaie.

– Mais je peux pas bouger du tout, ça ferait chavirer la caisse !

– Ne t'inquiète pas Meg, tout va bien se passer. Allez, prends la rame, et aussi cette pelote de ficelle. Fais bien attention maintenant : cette ficelle est ta sauvegarde. Avec ça, je peux te faire revenir si jamais tu as le moindre problème, d'accord ?

Et avant que Margaret ne puisse émettre la moindre protestation, Tom poussa vivement du pied l'embarcation de fortune vers l'arcade mystérieuse.

– Oh ! Oh ! Oh ! s'écria Margaret.

Impossible de deviner si ces exclamations étaient dues à l'excitation ou au danger que représentait cette aventure.

– Oh ! Oh ! Oh ! cria de nouveau Margaret. Je coule ! ! !

– Accroche-toi à la ficelle, hurla Tom en la tirant des deux bras.

Grâce à un formidable effort, Tom réussit à atteindre Margaret et à la saisir à bras le corps au moment précis où la caisse, pleine d'eau, sombrait sous leurs yeux. Sans attendre davantage, Margaret posa un pied et une main sur l'échelle. En moins d'une minute, ils étaient tous deux hors du puits, sains et saufs. Margaret était trempée de la taille jusqu'aux pieds et pleurait.

– Qu'est-ce que je vais faire ? On va me gronder.

– Mais non. Nous allons te protéger, répondirent-ils en chœur.

Tom ajouta :

– Meg, ce qui est important, c'est ce que tu as vu. Alors, qu'as-tu vu en bas ?

Elle hoqueta :

– Il y a un petit passage et puis ça s'arrête.

– Ça ne veut pas dire qu'il n'y a pas de voie d'accès à la rivière, assura Tom. Peut-être qu'elle est sous l'eau. Oui. C'est certainement ça : le passage est sous l'eau. Nous avons découvert un moyen d'évasion qui passe sous l'eau.

Pendant un instant, Laura, Hugues et Margaret, même s'ils se rendaient très bien compte qu'ils ne pourraient jamais emprunter cette voie sous-marine, restèrent silencieux, fascinés par l'hypothèse de Tom. Seul Tom était capable de concevoir des projets aussi ambitieux ; lui seul pouvait en organiser les moindres détails pratiques. Sa seule faiblesse, cependant, tenait dans son incapacité a accepter le moindre échec, quel qu'il soit. Or, dans le cas présent il avait échoué. Et Margaret, ruisselante d'eau et de larmes, incarnait cet échec...

On dut abandonner la caisse de thé en bas du puits, de même que la pelote de ficelle et la planche qui avait fait office de rame. L'échelle fut hissée et rangée, et le couvercle du puits mis en place.

Cela fait, ils entourèrent Margaret. La veille, Hugues aussi était revenu de l'expédition en barge complètement trempé. Et on avait parfaitement réussi à le faire discrètement rentrer à la maison. Ils pourraient sans doute faire pareil pour Margaret.

CHAPITRE QUATRE

Le retour s'effectua sans difficultés. Mais il était beaucoup plus tard que lors de l'expédition en barge, et ils croisèrent, cette fois, beaucoup plus de domestiques. Cependant les enfants ne virent pas le visage qui les observait attentivement d'une des fenêtres de l'étage. C'était Hortense, la femme de chambre attitrée de leur mère, qui les regardait là, dehors, alors qu'ils auraient dû être dans leur lit en train de dormir. Elle remarqua notamment la silhouette trempée de Margaret...

Au même moment Phillips, le jardinier, découvrait qu'il devait avoir oublié de fermer à clef la porte du jardin la veille au soir. Il était pourtant toujours attentif d'ordinaire... Comme il ne manquait pas de finesse, il resta longtemps à contempler les curieuses empreintes laissées par une échelle visiblement posée à l'envers, et un imperceptible sourire éclaira son visage à la vue des traces qu'avaient laissées d'effrontés voleurs de fruits.

– AVEZ-VOUS REMARQUÉ DANS QUEL TRISTE ÉTAT MADEMOISELLE MARGARET EST REVENUE ? DEMANDAIT ERNEST À ELSIE, DANS L'OFFICE.

– Oui, j'ai vu ça. Ils voulaient que je fasse sécher ses vêtements mouillés devant le feu de la cheminée, mais je leur ai dit qu'ils devaient d'abord mettre au courant Madame Ashley. Je n'ai aucune envie de la contrarier : Madame la Baronne ne la croit-elle pas toujours ? Je ne veux pas risquer d'être renvoyée.

– Vous vous plaisez ici ?

– Oui, surtout quand les enfants sont là.

– C'est vrai, j'ai remarqué vos parties de saute-mouton avec eux, quand personne ne vous voit.

– Ça me rappelle chez moi. Avec les enfants du faubourg, on jouait souvent à saute-mouton dans les petites ruelles.

– Oui, oui. J'ai bien vu que vous jouiez avec eux, surtout quand Monsieur Tom est là. Dans ces moments-là, vous ne me prêtez guère attention...

– Mais non, Ernest.

Elsie s'était rapproché d'Ernest et l'avait pris par la taille. Elle appuya sa tête sur son gilet garni de boutons d'argent.

– Et puis Tom est si gentil. Il demande toujours des nouvelles de ma mère et de mon père, et aussi comment on vit à la maison. Je n'ose pas lui répondre que mon père est mineur, qu' il est souvent chômeur; un jeune monsieur comme lui ne pourrait pas comprendre. La vie est rude à la maison.

Ernest hocha la tête. Lui, dont la mère avait été gouvernante et l'un des grands-pères majordome, ne connaissait que le monde de la haute société et celui des domestiques.

– Aux dernières vacances, poursuivit Elsie, Monsieur Tom m'a surprise en train de nettoyer la cheminée. J'étais noire de la tête aux pieds. La robe imprimée que Madame la Baronne m'avait donnée à Noël était dégoûtante. Il m'a dit : « Et vous faites cela tous les matins pendant que nous dormons encore ! C'est tout à fait injuste. » « Et puis il a ajouté : « Un jour, quand j'hériterai de Charlecote, je changerai beaucoup de choses. » Cette nuit-là, j'ai rêvé que j'étais une dame avec des beaux habits et que j'avais un attelage.

Ernest fronça les sourcils.

– Vous racontez des folies, ma petite, dit-il.

Mais, se radoucissant aussitôt, il reprit :

– L'autre jour, j'ai reçu un mot du bureau de placement de Mr Hunt, pour un emploi inespéré de premier valet de pied de Lord Caudle : trente-six livres par an, deux shillings par semaine pour la bière et deux autres shillings pour le blanchissage.

– Mais avec ça vous serez bientôt millionnaire ! Pourquoi n'acceptez-vous pas ?

– Parce que j'attends de voir ce que vous allez faire, Elsie.

– Alors, il vous faudra attendre pas mal de temps. C'est que je n'ai pas encore quinze ans, moi.

A cet instant, Walter Mark entra dans l'office.

– Voulez-vous filer d'ici Elsie, gronda-t-il. Et vous, Ernest, continuez donc l'argenterie. Vous traînez trop.

Son ton était bourru ; il paraissait soucieux.

Ernest osa respectueusement demander :

– Vous avez l'air ennuyé, Monsieur Mark.

– Oui. Madame la Baronne et Sir Robert sont dans tous leurs états, parce que les enfants sont descendus dans le puits, ce matin.

Elsie était horrifiée.

– Dans le puits ? C'est Madame Ashley qui leur a dit ?

– Non. C'est Hortense. Et maintenant, c'est moi qui suis en tort pour ne pas les avoir entendus quitter la maison ce matin. Sir Robert dit que je ne sers à rien si les voleurs pouvaient entrer aussi facilement que *eux* peuvaient sortir. Alors, j'ai répondu à Sir Robert, en me contrôlant, tant j'aurais à ce moment pu le frapper : « Sir Robert, Monsieur Tom est intrépide et il a de l'énergie à revendre. » Mais il m'a même pas entendu.

CHAPITRE CINQ

Non seulement Sir Robert avait ignoré l'opinion de Walter, mais en plus il avait mis en doute ses compétences.

– La porte de service sera désormais cadenassée et c'est moi qui en garderai la clef, avait-il déclaré.

Walter Mark avait acquiescé avec la plus parfaite correction.

– Très bien, Sir Robert. Et devrai-je venir vous demander cette clé pour ouvrir la porte le matin, quand cela sera nécessaire ?

– Bien sûr. A quelle heure faut-il ouvrir cette porte ?

– Monsieur Phillips est habituellement le premier présent. Mais il arrive que le garçon de ferme vienne à cinq heures avec le lait. La carriole du facteur arrive également tôt, l'été.

Sir Robert fit une telle moue que Walter Mark se mit à toussoter pour s'empêcher de sourire. C'est avec peine qu'il parvint à articuler :

– Je vous prie de m'excuser, Monsieur.

– Le lait attendra dehors, dit Sir Robert qui semblait avoir pris sa décision.

– Et pour le courrier ? Il arrive parfois des lettres importantes. Devrais-je alors réveiller Monsieur à cinq heures du matin pour lui demander la clef ?

Il y eut un long silence pendant lequel Sir Robert arpenta son cabinet de travail pour finalement conclure :

– Bon. Lorsque ce cadenas sera installé, il sera préférable que ce soit vous qui en gardiez la clef.

– Très bien, Sir Robert.

C'était incontestablement une victoire pour Walter. Cela

se sentait rien qu'au compte rendu qu'il venait de faire à Elsie et à Ernest.

– Bien joué, Monsieur Mark ! s'écria Elsie avec admiration.

Ernest ajouta :

– Là vous l'avez maté, Monsieur Mark.

– Peut-être, répondit Walter d'un ton sombre. Mais pour l'instant, ce n'est pas ça qui peut aider les enfants.

La tempête que souleva l'épisode du puits fit rage toute la matinée et une partie de l'après-midi. Il apparut évident, cependant, que Sir Robert n'allait pas mettre sa menace à exécution : il n'engagerait pas de précepteur pour faire travailler sans répit ses enfants pendant leurs vacances. Son souci d'économie sembla être la raison principale de son revirement. Et, comme le souligna Tom, cette même raison expliquait certainement ce qui fut décidé pour Hugues. Sir Robert lui déclara, en effet, qu'en guise de punition, il n'irait pas au collège l'automne prochain avec Tom. Il ne s'y rendrait qu'au printemps suivant. « C'est toujours ça d'économisé : la pension d'un trimestre ! » avait dit Tom en secouant la tête.

Leur mère s'était tenue éloignée de l'orage. Walter rapporta qu'elle était désolée de ces incidents ; elle était certaine que les enfants n'avaient pas voulu mal faire. Elle pensait, au contraire, qu'ils avaient été sûrement assez punis par la seule horrible pensée que Margaret aurait pu se noyer. Elle avait même insisté en disant combien, par ailleurs, ils avaient si bien commencé leurs vacances. Jusque là tous ne s'étaient-ils pas très bien conduits ?

Il était déjà tard dans l'après-midi lorsque les quatre enfants décidèrent de demander à leur mère l'autorisation de quitter la salle d'étude pour se promener le long de la rivière. On leur permettrait sûrement cette sortie. Leur père travaillait généralement à cette heure dans son cabinet de travail. Il écrivait des lettres ou interrogeait des employés.

Les enfants firent le guet et, bientôt,ils apercurent Walter qui accompagnait William Kemble au cabinet de travail. Sur la pointe des pieds ils descendirent l'escalier, puis dirigèrent leurs pas vers le salon où se tenait leur mère. Elle sourit en les voyant.

– J'étais sur le point de sonner pour demander à Walter de me dire ce que vous faisiez. L'après-midi est si belle ! Nous pourrions tous sortir ; aller au potager par exemple. Phillips aimerait vous voir, Tom. Il demande toujours de vos nouvelles, quand vous êtes au collège.

Les enfants ne purent qu'acquiescer.

– J'ai pensé aussi que vous aimeriez certainement goûter les groseilles à maquereaux. Elles ne vont plus durer très longtemps maintenant.

Unis dans une même appréhension, les quatre enfants marchaient aux côtés de Lady Hatton en direction du potager. Ils n'avaient pu se consulter, ne fût-ce qu'une minute, afin d'éviter qu'une nouvelle catastrophe ne fonde sur eux; si toutefois catastrophe il devait y avoir.

Tom restait serein. Il soutint la conversation avec sa mère, s'appliquant, comme il savait si bien le faire, à lui plaire. Il s'extasia sur la beauté du château dans l'embrasement du soleil déclinant. Il fit les éloges des jardins et du parc et exprima le plus vif intérêt pour tout ce qui concernait Charlecote.

– J'ai entendu dire que papa vendait les ananas, demanda-t-il, l'air inquiet.

– Oui, en effet. Et je pense que c'est une grande erreur. Cela ne lui rapporte rien depuis qu'on importe ces horribles ananas de l'étranger. Les gens communs ne font aucune différence entre nos ananas et les autres, et ils les achètent au même prix, ridicule. Papa dit que cela couvre les frais de chauffage des serres.

Elle soupira.

– Du temps de votre grand-père, poursuivit-elle, nous gardions tous les fruits pour nous. Lorsqu'il y avait une réception, tout le monde disait qu'il n'existait pas un ananas, un melon ou une pêche meilleurs que ceux de Charlecote.

– J'aimerais beaucoup en goûter un, dit Tom.

– Quand papa s'absentera, je demanderai à Phillips d'en apporter un à la maison. Un ananas un peu blet, évidemment.

Tom avait réussi à égayer leur mère et, lorsqu'ils parvinrent au verger elle était d'humeur joyeuse. Les enfants entrèrent tout innocemment par cette même porte qu'ils avaient franchie quelques heures plus tôt dans des conditions bien différentes. A leur grand soulagement, Phillips n'était pas en vue. Quelle chance !

– Allez, les enfants, je vous donne cinq minutes pour aller cueillir des groseilles à maquereaux sous les filets. Rejoignez-moi dès que je vous appellerai.

Ils coururent se réfugier à un endroit qu'ils connaissaient bien, soulagés d'être enfin en mesure de se concerter discrètement.

– C'est fantastique ! dit aussitôt Hugues à Tom, je veux dire la manière dont tu t'y es pris pour que maman soit de bonne humeur.

– J'ignorais qu'on vendait les ananas, continua Laura. Comment l'as-tu su, Tom ?

– Papa m'a écrit une de ses longues lettres ennuyeuses où il dit que tout devient hors de prix, que les revenus baissent… Une fois il m'a expliqué qu'il voulait supprimer le potager, que sur les cinq jardiniers employés, deux ne s'occupaient que des serres. Il m'a dit qu'il n'arrivait pas à persuader maman de se débarrasser des serres à ananas et à melons, mais qu'au moins maintenant ils en vendaient les fruits.

Tout ceci était loin de préoccuper Margaret qui demanda, la bouche pleine de groseilles :

– Et si Phillips venait ? Et si… ?

A cet instant, ils entendirent la voix de leur mère qui les appelait. Ils levèrent les yeux et la virent en grande discussion avec le jardinier en chef. Ils replacèrent les filets sur les fruits et, lentement, le rejoignirent.

– Phillips vient de me signaler que quelqu'un, ou plutôt que plusieurs personnes, sont venues dans le potager la nuit dernière, ou ce matin. Ils ont volé une quantité d'abricots et de pêches.

Phillips regarda avec insistance les quatre enfants qui ne disaient mot.

– En fait, dit-il, ils n'ont pas pris beaucoup de fruits. Je pense que j'ai dû les déranger, car je suis arrivé dans les parages pas longtemps après cinq heures. Leurs empreintes étaient encore toutes fraîches.

Lady Hatton ajouta :

– Si jamais ce sont les garçons du village…

CHAPITRE CINQ

– Non, Madame. Je crois qu'aucun enfant du village ne peut être mis en cause.

Lady Hatton resta perplexe. Mais elle savait qu'on pouvait entièrement se fier au jugement de Phillips.

– Je n'ai pas signalé ce larcin à Sir Robert ce matin, Madame, car il est vraiment minime, comme je l'ai déjà dit. Et de toutes manières les fruits ne se vendent pas cette année. Il y a surabondance.

– Mais il faut que ce chapardage ne se reproduise plus, Phillips.

– Il ne se reproduira pas, Madame. Selon toute apparence, cet incident est arrivé parce qu'un aide-jardinier a oublié de fermer la porte à clef la nuit dernière. En tout cas, c'est comme ça que je l'ai trouvée ce matin.

– Cet homme doit être réprimandé.

– Bien, Madame. Mais en fait, il se reposait sur moi. Je vérifie toujours la porte, tous les soirs.

– C'est donc vous qui avez oublié de vérifier si la porte était fermée ?

– Non, Madame, j'ai bien vérifié, mais je n'ai pas dû voir qu'elle n'était pas fermée à clef. Je n'arrive pas à m'expliquer pourquoi.

– Cela ne doit absolument pas se reproduire, Phillips.

– Oui, Madame.

Les enfants avaient écouté, consternés, cette conversation. Ils savaient l'entier dévouement de Phillips et son profond respect pour leur mère. Le jardinier travaillait depuis toujours au service de la famille Hatton et connaissait Lady Hatton depuis qu'elle était toute petite. Ce qui ne l'empêchait pas d'estimer à sa juste valeur Sir Robert. Sir Robert qui vendait ses ananas et tentait de faire disparaître ses serres ! Cependant, même le plus dévoué des serviteurs n'apprécie pas d'être accusé d'une faute qu'il n'a pas commise. Et encore moins d'en être réprimandé.

Laura avait rougi. Hugues se tordait les mains de dépit ; Margaret, les yeux ronds et la bouche grande ouverte, les regardait, des larmes dans les yeux. Tom fut naturellement leur porte-parole :

– Maman, commença-t-il d'une voix forte, il faut que nous vous disions…

Phillips l'interrompit gentiment :

– Je sais ce que Monsieur Tom va dire. Mais ne vous inquiétez pas, Madame ; cet accroc dans le filet des groseilles à maquereaux sera réparé dans l'heure qui vient.

Il désigna un endroit du filet. Le regard de Lady Hatton suivit docilement cette direction. Mais ni Phillips ni les enfants ne s'en préoccupaient : leurs yeux se croisèrent et ils virent alors le clin d'œil malicieux de Phillips.

Leur réputation ainsi sauvée, ils quittèrent le potager en compagnie de leur mère. Sir Robert était encore dans son cabinet de travail.

Grâce aux groseilles à maquereaux, la journée se terminait dans la satiété et plus pacifiquement qu'on aurait pu s'y attendre.

L'EXPÉDITION DANS LE POTAGER S'ÉTAIT FINALEMENT BIEN TERMINÉE ET LES ENFANTS POUVAIENT S'EN FÉLICITER. Mais il en advint tout autrement de l'aventure du puits qui les couvrit de ridicule et de honte. Leur père enrageait tout autant de la stupidité de l'hypothèse de Tom que de leur désobéissance – quoique, comme le disaient les enfants, jamais leur père ne leur avait interdit de descendre Meg dans une caisse au fond du puits ! Même Lady Hatton, qui connaissait si bien Charlecote et son histoire, secouait la tête à la pensée d'un éventuel passage secret.

Il ne fut donc plus fait allusion à ce souterrain ; mais l'éventualité de son existence s'était si bien ancrée dans leur esprit que, cette nuit-là, ils furent trois à rêver d'évasion – Margaret, elle, ne rêvant jamais.

– Vous voyez cette épée gigantesque qui est accrochée dans le grand vestibule, commença Tom le lendemain matin, vous savez, celle de Sir Thomas Stanford, celui qui s'est battu pour Charles Ier.

– Oui, dit Laura.

– Non, s'empressa de répondre Hugues. Non, non... enfin, je veux dire que je ne crois pas qu'on pourra la décrocher. Et en plus, nous serions incapables de la remettre à sa place.

– Dans mon rêve, reprit Tom avec emphase, j'escaladais le mur rien qu'avec les mains et les pieds nus.

Il regarda Hugues droit dans les yeux.

– C'était très facile en plus.

– Continue, Tom, demanda Laura.

– Alors je prenais l'épée et puis j'avançais dans l'eau, dans notre passage souterrain, celui qui soi-disant n'existe pas, et je la faisais tournoyer en clamant notre cri de guerre : Stanford ! Stanford !

– Maman aurait été enchantée, remarqua Hugues.

– Et papa furieux, précisa Laura.

– Ils étaient là ? demanda Margaret, perplexe.

Mais Tom était seul dans son rêve. Ses soldats l'avaient aidé à sortir du passage imaginaire et il s'était retrouvé, de manière assez inattendue, en Afrique du Sud, là où la guerre persistait. Il s'était tout de suite mêlé au combat avec son épée et avait fait preuve d'une telle bravoure qu'il avait été particulièrement distingué. Cela, pour autant qu'il pouvait s'en souvenir dans la confusion de la bataille, du rêve et de la chaleur torride qui régnait en Afrique.

Dans le rêve de Laura, le tunnel était si grand qu'elle avait pu y pénétrer à cheval, montée à califourchon et non en amazone, William Kemble lui ayant déclaré d'un ton catégorique que c'était là la seule façon de se tenir à cheval.

Hugues, quant à lui, s'était échappé sur l'énorme plateau en argent du service à thé qui venait de l'office de Walter Mark. Il avait espéré emmener Victor, qui aurait fait office de marin, avec lui. Il l'aurait retrouvé sur la berge boisée de la rivière, là où ils s'étaient rencontrés la dernière fois. Alors Victor et lui, entraînés par le courant, seraient arrivés à la mer. Et là, ils se seraient mis à naviguer.

– Mais Victor n'était toujours pas là quand je me suis réveillé, conclut Hugues.

Que ce soit dans la réalité ou en rêve, Hugues souhaitait vraiment revoir Victor. Mais, à présent, Tom et Laura hésitaient. Ils n'osaient guère risquer une nouvelle tempête comme celle causée par l'aventure du puits. Ils devaient désormais être sages comme des images pour tout le restant des vacances. Ou, du moins, il ne fallait absolument pas que l'on puisse leur reprocher quoi que ce soit.

Ils se soumirent donc à l'autorité de leurs parents. Presque chaque jour ils montaient à cheval, soit avec leur père, soit avec William Kemble. Laura était la seule qui aimait ces promenades à cheval, et ce, en compagnie de qui que ce soit. Mais, certains

après-midi, elle ne pouvait échapper aux si ennuyeuses sorties en attelage, avec sa mère. Elle devait alors revêtir ses beaux habits, et toutes deux parcouraient des kilomètres et des kilomètres, sans que jamais personne, la plupart du temps, ne soit là pour les recevoir et leur offrir la moindre tasse de thé dans les demeures où elles s'arrêtaient.

Les enfants pêchaient souvent et les parents approuvaient cette occupation. Leur mère aimait contempler le joli tableau qu'ils composaient, assis ou debout sur la berge verdoyante de la rivière, l'air pensif, les yeux fixés sur leur bouchon. Quant à Sir Robert, il ne pouvait qu'apprécier une distraction si productive. Ils n'avaient que trois cannes à pêche pour quatre, ce qui ne posait aucun problème Margaret n'aimant pas pêcher. Elle se sentait cependant très importante : elle surveillait les appâts, et ne se lassait jamais de rester assise à côté de ses frères et sœurs, ce qui, finalement, arrangeait chacun.

Seuls, de temps à autre, les remarques habituelles aux pêcheurs rompaient le silence :

– Ça mord !

– Meg, un autre appât !

A leurs pieds, la rivière frissonnait. Les pigeons ramiers roucoulaient doucement.

Et puis le soleil commençait à décliner. Laura disait alors :

– L'horloge du pavillon a sonné.

Tom ajoutait :

– Il faut rentrer.

Ils rangeaient leurs lignes et rassemblaient les quelques gardons pleins d'arêtes qu'ils avaient pêchés. Généralement, ils distribuaient leurs prises à leurs amis, ceux-là même qui se tenaient de l'autre côté de la porte capitonnée.

– J'aurais aimé en avoir plus à leur donner, disait Hugues.

Ils pêchaient en fin d'après-midi et ils passaient souvent le reste de la journée avec Dan Power, dans le parc. Ils savaient à quelle heure le trouver. La plupart du temps, il se tenait non loin de la colonie de corbeaux, au bord de la rivière, où il posait ses pièges. Quelques lapins pris au collet étaient presque toujours accrochés en haut de sa perche, et d'un arbre proche pendaient les dépouilles de geais, de choucas et d'hermines. Non qu'il voulut prouver par là qu'il était un garde-chasse efficace, mais, comme il le disait : « Que ça serve d'avertissement aux animaux nuisibles. Sinon, je tire dessus ! » Ce spectacle faisait frissonner Margaret et même Laura. Les deux garçons, eux, aidaient Dan à poser des pièges. En échange, il leur dévoilait les secrets du parc. Il leur montrait un nid de chouette et un autre de martin-pêcheur, avec son entrée en cheminée. Ils essayaient d'attraper un œuf dans chaque nid pour leur collection. Parfois Hugues levait les yeux vers les nids de hérons, se rappelant la promesse de Victor et le mépris de Dan, mais il ne disait rien.

Les enfants travaillaient également ensemble dans leur petit jardin. Ils repiquaient des laitues et bêchaient la terre pour planter des pommes de terre. Ils faisaient de grandes promenades, à la recherche de mûres et de noisettes vertes.

L'automne approchait doucement, et Lady Hatton espaçait ses visites; il y avait aussi moins de gâteaux de riz à porter aux pauvres et aux malades, au grand soulagement de Laura.

Lady Hatton désirait que ses enfants s'amusent; elle s'en souciait. Elle proposa même qu'ils jouent tous ensemble au croquet et expliqua une fois de plus à Margaret comment tenir le maillet. Quand ils la rejoignaient, le soir, pour dire leurs prières avant de se coucher, elle les retenait pour leur raconter la gloire passée de Charlecote, la vie menée par son père et son grand-père. Elle parlait des joyeuses réceptions qu'on y donnait quand l'argent ne faisait pas défaut. Elle leur vantait la grande réputation de chasseur qu'avait son père. C'était le meilleur chasseur à courre qu'un équipage ait jamais connu depuis bien longtemps. Une fois, il avait été le premier cavalier à l'hallali lors d'une chasse qui avait duré quatorze heures. A peine rentré,il était aussitôt reparti, et avec seulement six cartouches avait tiré une paire de perdreaux, trois faisans et un lièvre.

Plus tard, quand ils furent seuls, Hugues fit cette remarque:

– Maman aimerait que tu ressembles à grand-papa, Tom.

– Et si je meure, maman voudra alors que ce soit toi qui lui ressembles, répondit Tom.

– Je souhaite que tu ne meures jamais, avait dit Hugues.

La voix de Lady Hatton, quand elle leur parlait du passé, était souvent teintée de regrets et de mélancolie. Ils croyaient même y avoir remarqué, depuis peu, un accent plaintif. Dans le même temps, leur père devenait particulièrement joyeux.

– C'est parce que les vacances vont bientôt se terminer, supposa Hugues.

Mais Walter, que l'on consulta comme d'habitude, en savait plus que ce que leurs parents avaient bien voulu leur dire.

– Sir Robert va partir deux jours avec Madame la Baronne pour la demeure de votre grand-mère Hatton, dans le Nord.

– Oh ! dit Laura. C'est donc ça.

Sir Robert avait en effet hérité de la maison de famille dans le Yorkshire, mais ne pouvait y vivre, retenu par ses lourdes responsabilités à Charlecote. Pourtant, son cœur était là-bas.

– Ils vont partir, ajouta Walter, et vous laisser tous ici en vous confiant...

– A qui ? A vous, Walter ? demanda Laura.

Mais ils n'osaient l'espérer.

– Dieu merci non ! A cette Hortense... qui va encore s'ingénier à trouver tout ce qu'elle pourra pour vous embêter !

– Nous aurions été beaucoup mieux tout seuls, de toutes manières, dit Laura.

CHAPITRE  SIX

– C'est évident, acquiesça Tom.

D'après le ton sur lequel il avait prononcé ces mots, tous comprirent qu'ils profiteraient au maximum de leur liberté.

Le jour du départ, les quatre enfants se postèrent dans le grand vestibule tandis que leurs parents finissaient de se préparer. Tout le monde attendait. Walter Mark avait la main sur la poignée de la porte menant à leurs appartements. Ernest, devant la porte d'entrée grande ouverte, portait sur le bras une couverture de fourrure. Les enfants pouvaient apercevoir derrière lui le coupé. William était assis sur le siège du cocher, tandis que James Pervis maintenait la porte ouverte.

On entendit des pas rapides se rapprocher. Walter ouvrit assez grand la porte du vestibule pour permettre à Hortense, très digne, d'entrer. Elle portait la boîte à bijoux de Lady Hatton et semblait affolée :

– Ils vont être en retard, ils vont être en retard !

– Ne vous mettez pas dans tous vos états, dit Walter en consultant sa montre. Ils ont tout le temps.

Hortense n'aimait pas les Anglais et encore moins leurs expressions.

– Mes états, mes états ; méchant homme, c'est vous les Anglais qui êtes en mauvais état.

– Mieux vaut être en mauvais état que manger des grenouilles, répondit Walter.

Après avoir dignement prononcé ces mots, il esquissa un profond salut. En fait, il était plié en deux de rire, mais grâce à son expérience de majordome de première catégorie, il savait bien dissimuler. Ernest pouffa de rire.

– Oh vous ! Ce que vous pouvez être vulgaires, s'écria Hortense avec fureur.

Un bruit de pas ramena immédiatement le silence. Les trois serviteurs se redressèrent, les enfants se tournèrent vers la porte que Walter avait ouverte en grand. Sir Robert et Lady Hatton arrivaient. Lady Hatton embrassa chacun des enfants à son tour.

– N'oubliez pas d'être sages ! Ne faites pas de sottises, ne tachez et ne déchirez pas vos vêtements. N'allez pas dans le parc sans Hortense, ou si vous êtes à cheval, sans William, évidemment.

Les baisers de Sir Robert, sur le front et non sur les joues, succédèrent à ceux de leur mère. Il ne s'arrêta que devant Hugues.

– Il faut dégager votre front en vous coiffant, dit-il l'air sévère. Il faut qu'on puisse voir votre visage.

Les quatre enfants qui venaient de murmurer : « Au revoir maman, au revoir papa », répondirent d'un seule voix à cette dernière remarque :

– Oui, papa ! comme s'il s'était adressé à eux tous.

Sir Robert grommela et passa la porte d'entrée. Lady Hatton le précédait, sa longue robe de voyage bruissant sur le sol. Hortense l'installa dans le coupé, puis Sir Robert monta à son tour. Ernest disposa la couverture sur leurs genoux ; James ferma la porte et se jucha en un éclair à l'arrière, pendant que William mettait élégamment l'attelage au trot.

Ils étaient partis. Ernest referma la porte d'entrée et les domestiques se retirèrent. Les enfants étaient seuls dans le grand vestibule qui, à présent, n'était plus ce lieu où il fallait marcher posément et parler à voix basse.

– Hourra ! s'écria Laura.

– Hip, hip, hip, hourra ! reprit Tom courant et bondissant sous le regard figé de ses nombreux ancêtres Stanford.

– Bouh ! grimaça Hugues en s'arrêtant brusquement sous le portrait de grand-père Hatton.

Il gesticula des bras comme s'il espérait faire tressaillir l'air digne et pieux de l'aïeul. Margaret sauta sur place avec eux et rit tellement qu'elle finit par sangloter de surexcitation. A travers les vitraux des fenêtres, le soleil projetait des motifs rouges, bleus et jaunes, sur les armures et les silhouettes tourbillonnantes des enfants du château qui dansaient de joie sur le sol dallé de marbre.

LE MAÎTRE ET LA MAÎTRESSE DU CHÂTEAU AVAIENT EMPORTÉ UNE COUVERTURE DE FOURRURE DANS LE YORKSHIRE, CAR L'ÉTÉ s'était rafraîchi. Il y avait même eu quelques journées grises et humides qui avaient empêché les enfants de sortir. Mais ce jour-là une douce chaleur s'installait comme une bénédiction sur ces enfants insouciants.

Ils passèrent l'après-midi à jouer au cricket avec Walter et Ernest. Une cruche de limonade, préparée par Madame Ashley et apportée par Elsie, attendait sous un arbre. Hugues prenait autant de plaisir à jouer au cricket qu'à en parler. Il n'y jouait pourtant pas très bien. En revanche, Tom excellait à ce jeu. Comme d'habitude, il voulut montrer à Laura quel bon lanceur de balle il était, et lui reprocha avec dédain de ne pas savoir les arrêter. Maintes fois, Laura avait quitté le terrain fâchée, et personne n'avait été capable de la persuader de revenir. Cette fois, cependant, Walter était là pour maintenir la paix entre eux. Il encourageait Laura en la félicitant :

– Eh bien, dites-donc, on pourrait chercher longtemps avant de trouver une fille qui joue aussi bien.

Et à propos de Margaret, il disait :

– Ne soyez pas trop dur avec elle, Monsieur Tom, parce que cette balle, moi aussi je pourrais vous la lancer fort, très fort même.

A Hugues, il adressait toujours les mêmes mots gentils :

– Vous devenez vraiment bon, très bon Monsieur Hugues.

Walter jouait bien au cricket ; il avait même participé aux épreuves du comté. Secondé par Ernest, il assurait aux enfants un excellent entraînement. Il suggéra de faire un match :

– Mademoiselle Margaret, Monsieur Hugues et moi contre Monsieur Tom, Mademoiselle Laura et Ernest.

– C'est nous qui allons gagner, s'écria Tom, excité et rouge d'avoir couru au soleil.

Ernest tempéra, respectueusement, son enthousiasme :

– Monsieur Mark est trop fort pour nous tous ; mais pour sûr, on va essayer.

Bien entendu ce fut l'équipe de Walter Mark qui remporta la victoire. Margaret marqua le point décisif, et Tom ne put s'empêcher d'affirmer que Laura lui avait une fois de plus lancé la balle trop bas. Laura ne répondit pas parce qu'elle savait bien qu'elle ne parvenait pas à lancer la balle correctement, par-dessus l'épaule.

Ils terminèrent leur limonade et la journée s'acheva. Une journée magnifique. Hortense ne les avait pas beaucoup ennuyés.

Le lendemain Hortense emprunta la voiture de la messagerie pour rendre visite à une amie, à seize kilomètres de là.

– Nous avons donc presque toute la journée pour nous tout seuls, s'exclama Tom.

– Donnons-lui dix minutes et partons.

– Pour où ?

Il lança un regard indulgent à Hugues.

– Il faut quand même que nous retrouvions Victor !

Walter, à qui ils firent part de leur intention, les mit en garde contre le père de Victor.

– Ce n'est pas parce que votre papa et votre maman n'ont pas une bonne opinion de lui ; c'est lui, au contraire, qui en veut à Sir Robert et à Lady Hatton.

– Et il leur en veut terriblement ! clama Ernest de l'office, et qui semblait outré par l'attitude du maître d'école.

– Sa petite fille est si malade qu'elle semble lui avoir mis les nerfs à fleur de peau, expliqua Walter. Enfin, c'est ce qui se dit.

Les quatre enfants s'approchaient prudemment de la maison du maître d'école, qui était à peine plus grande et à peine plus coquette que les autres cottages du village. D'un côté se trouvait l'école, et de l'autre le presbytère. Car l'école dépendait de l'église.

En contournant furtivement la maison, ils réussirent à voir où se trouvaient les parents de Victor. Sa mère était à l'arrière de la maison et s'activait dans la cuisine, alors que son père fauchait l'herbe haute du cimetière, près de l'église. C'était l'une des corvées des maîtres d'école du village de Charlecote. Provenant de l'intérieur de la maison, ils pouvaient entendre par la fenêtre ouverte la voix de Victor, lisant tout haut, sans doute à l'intention d'Evie.

Ils étaient sur le point d'entrer hardiment par cette fenêtre ouverte lorsque Laura, jetant un coup d'œil au presbytère, apercut le pasteur, le révérend Praut. Il se tenait derrière la fenêtre de son bureau regardant fixement devant lui. Il était impossible de savoir si le pasteur était perdu dans ses pensées, s'il préparait son sermon hebdomadaire, ou encore s'il observait la maison du maître d'école. Le révérend Praut était veuf et âgé; il n'avait pas d'enfants et ne les appréciait guère. Il voyait régulièrement Sir Robert pour s'entretenir avec lui des problèmes de l'église.

Les enfants attendirent que le pasteur s'éloigne de la fenêtre,

mais en vain. Ils espéraient que Victor sortirait, mais Victor continuait de lire à haute voix. Si bien qu'après avoir patienté quelques minutes, Tom prit la décision de rentrer.

Tristement, ils prirent le chemin du retour sous le soleil brûlant. Ils n'avaient pas réussi à parler à Victor, et leur programme pour le reste de la journée était fichu. Inutile, à présent, de songer à grimper tout en haut des arbres où nichaient les hérons : sans la présence et les conseils de Victor, ils étaient bien incapables d'en atteindre les plus hautes cimes.

Laissant le village derrière eux, ils avançaient en traînant les pieds, tête basse, quand soudain Hugues fit une découverte :

– Regardez ! s'écria-t-il, à la fois stupéfait et intrigué.

Là, dans la poussière du chemin, se trouvait un objet des plus inattendus dans un tel endroit : une demi-couronne qui brillait faiblement.

CHAPITRE  SEPT

Ils ne prirent pas la peine de s'interroger sur son origine, préférant de beaucoup la suggestion de Laura :

– C'est à un riche passant qui ne reviendra pas.

Il était évident que la demi-couronne* leur revenait de droit puisqu'ils l'avaient découverte. Elle leur appartenait. Cette pièce changeait tout leur programme et la chaleur à présent presque torride du soleil leur sembla à nouveau agréable.

– Qu'allons-nous pouvoir acheter avec ?

De manière inattendue, ce fut Margaret qui répondit la plus vite :

– Des bouteilles de liqueur en chocolat, de la limonade, des boules d'anis, des boules de menthe, du chocolat en tablettes et en boules, et...

– Il faut peut-être qu'on pense aux autres, l'interrompit Laura.

Ses frères et sœurs la regardèrent avec inquiétude.

– Je veux parler de ceux que nous connaissons bien et que nous aimons beaucoup, nos meilleurs amis, quoi.

– Comme Walter, dit Hugues.

– Et Elsie qui est si gentille, dit Tom.

– Et William, ajouta Laura.

Margaret abandonna, à regrets, les chocolats à la liqueur, la limonade, les bonbons à l'anis, les boules de menthe et le chocolat en tablettes. Elle avait très bon cœur, surtout pour ceux qu'elle aimait.

---

* Une demi-couronne : pièce de monnaie équivalent à 2 shillings 6 pence.

CHAPITRE SEPT

– Mais comment faire pour partager la demi-couronne entre eux tous ?

– Eh bien, nous n'allons pas la partager. Non, non : nous allons plutôt leur acheter des cadeaux. Ce sera beaucoup mieux. Nous irons à pieds à Honeford cet après-midi pour faire des achats, sans le dire à personne.

– Avec une demi-couronne, nous ne pourrons pas avoir grand-chose, même si chacun ne choisit qu'un seul ami, remarqua Hugues.

Tom toussota.

– J'ai un shilling qui me reste du dernier trimestre au collège.

– Tu es sûr que tu peux en disposer ? demanda Laura.

– Oui. Il suffira que je fasse bien attention. Papa ne me donne jamais plus que ce qu'il pense être le strict nécessaire, vous savez bien. Avant de me donner un peu d'argent pour le trimestre prochain, il va me demander les comptes du trimestre d'avant. Il ne faudra pas qu'il s'aperçoive qu'il manque quelque chose.

– Par exemple, tu aurais pu dépenser le shilling en timbres et en papier à lettres, suggéra Laura.

– Papa voudra savoir à qui j'ai écrit si souvent.

– Ou en matériel de pêche, dit Hugues, des hameçons et puis du fil ou des bouchons. Papa ne pêche pas, donc il ne peut pas savoir ce que ça coûte.

– Oui, c'est vrai, réfléchit Tom. Alors, on a trois shillings et six pence.

CHAPITRE  SEPT

– Moi, j'ai encore deux pièces d'argent de trois penny qui restent du pudding de Noël de l'année dernière, dit à son tour Margaret.

– Ça fait quatre shillings, déclara Tom. Prenons la demi-couronne, et allons chercher les autres pièces. Il faudrait que personne ne parle en marchant, comme ça nous pourrons réfléchir à la manière de dépenser cet argent. Chacun doit choisir son meilleur ami et imaginer le cadeau qui lui fera le plus plaisir.

Le déjeuner à peine terminé, ils partirent à pied pour Honeford munis de la somme de quatre shillings et un penny et demi. Laura et Hugues avaient fait apparaître ce dernier penny et demi d'entre deux lames du parquet où il avait glissé.

Ils suivirent une toute petite route qui serpentait vers Honeford. En ces jours d'été, le chemin et les haies étaient blancs de poussière. Les enfants, que cela amusait, furent bientôt recouverts de cette même pellicule blanche des pieds à la tête.

– Je crois que personne ne pourrait nous reconnaître, du moins à première vue, s'exclama Laura.

Mais les seuls véhicules qui les dépassèrent furent des charrettes de ferme et une sorte de carriole conduite par un paysan ou un marchand. Aucun équipage élégant susceptible de connaître Sir Robert et Lady Hatton, ou – mais cette dernière hypothèse était fort improbable – leurs enfants, ne passa sur la petite route.

Il y avait peu de boutiques dans cette petite ville d'Honeford, mais dans l'une d'entre elles, un marchand de tabac qui était également barbier, on pouvait trouver du parfum, du savon, des bonbons, bref tout ce que l'on désirait.

Ils s'y rendirent directement pour acheter leurs présents : du tabac pour Walter, une pipe en argile pour William Kemble et un paquet de cigarettes *Chat Noir* pour Phillips. Margaret avait choisi les cigarettes parce qu'elle aimait bien l'image du chat sur le paquet. Elle aurait bien voulu les garder et ne pas les donner à Phillips, mais tous insistèrent pour qu'elle les offre. Depuis l'expédition au verger, ils se sentaient redevables envers lui. Quant à Tom, il avait choisi pour Elsie une petite bouteille de parfum à la violette valant six pence.

Le mieux, c'est qu'après tous ces achats, il leur restait encore un shilling et quatre pence ! Ils achetèrent donc pour quatre pence de limonade, afin d'étancher leur soif.

– Il nous reste encore exactement un shilling, dit Tom.

On ne savait plus trop à qui appartenait ce shilling, aussi Tom le glissa-t-il provisoirement dans sa poche.

C'était le moment creux de la journée et ils avaient rencontré peu de monde : le boutiquier, un garçon de course, un vieil

homme avec une faux sur l'épaule et une femme poussant un landau chargé de petit bois, suivis par deux enfants qui traînaient de grandes bûches.

– Tu n'auras pas vu ton camarade d'école, finalement, Tom, dit Margaret pour rompre le silence.

– Non, répondit Tom ; et sur un tel ton que la conversation s'arrêta net.

Ils revenaient à Charlecote par un chemin différent de celui qu'ils avaient pris à l'aller. Tout en marchant ils buvaient leur limonade ; la chaleur les faisait transpirer. Soudain ils aperçurent un vieil homme assis au pied d'un grand tas de pierres. Il cassait méthodiquement pierre après pierre à l'aide d'un marteau et portait des lunettes pour protéger ses yeux.

– Regarde, Hugues, chuchota Laura.

Elle pensait qu'un casseur de pierres ne pouvait qu'intéresser Hugues, puisque papa lui prédisait toujours que ce serait son métier, quand il serait grand.

Le vieil homme interrompit son travail pour les saluer lorsqu'ils arrivèrent à sa hauteur.

– Bonjour jeunes demoiselles et jeunes messieurs, dit-il.

– C'est un rude travail par une journée pareille, répondit Tom.

– Pas tant que ça quand on est assis, dit le vieil homme. Avec ma jambe de bois, c'est ce qu'il faut.

Ils remarquèrent alors, dépassant de son pantalon en lambeau, un morceau de bois.

CHAPITRE  SEPT

– Combien de temps allez-vous mettre pour casser toutes ces pierres ? demanda Laura.

– Deux jours à raison de douze heures par jour, s'il ne pleut pas. Parce que sous la pluie, on peut pas travailler aussi vite.

– Vous aimez faire ça ? questionna Hugues.

Le vieil homme émit un son rauque qui ressemblait vaguement à un rire, ou à un toussotement peut-être dû à la poussière, avant de poursuivre :

– Je préférerais être au service de la Reine dans l'armée, bien que c'est là qu'est restée ma jambe. Je l'ai perdue à la guerre, en Afrique du Sud. Pourtant, je serais bien retourné dans l'armée s'ils m'avaient repris. Mais ça n'a pas été le cas.

– C'est égal, reprit Laura, en regardant Hugues de côté, je crois que c'est bien utile, ce que vous faites.

– Faut voire ! dit-il avec le même bruit de gorge. Je suis content de penser que c'est moi qui prépare les pierres qui vont combler les nids de poule de la route, pour pas que les équipages cahotent trop dessus. C'est pas bon pour les ressorts des voitures, ni pour les cochers, ni pour les chevaux, ni pour le beau monde qui voyage dedans.

Il semblait les fixer, mais on ne pouvait pas bien discerner ses yeux derrière ses lunettes.

– Je crois que nous devons partir, intervint Tom.

– Dieu vous bénisse, dit le vieil homme avant de se remettre à taper du marteau.

Lorsqu'ils se furent assez éloignés pour ne plus être entendus, Hugues s'arrêta :

– J'aimerais donner le shilling restant au casseur de pierres.

– Oh ! oui, approuva Margaret. Il a l'air si pauvre.

– Mais si nous en avions besoin plus tard ? s'inquiéta Laura.

– Lui, c'est maintenant qu'il en a besoin, répondit Hugues.

Tom partageait l'avis de Laura et se demandait si le casseur de pierres méritait le shilling. Leur mère disait qu'on devait toujours se demander si la charité était bien méritée.

Hugues insista :

– Tu ne t'es pas demandé si nous, nous la méritions, cette demi-couronne quand je l'ai trouvée.

– Mais, dit Tom, c'était bien différent quand nous l'avons trouvée.

– Quand *je* l'ai trouvée. Et ce n'était pas différent.

Le casseur de pierres avait réellement dû le toucher, car il était rare qu'il s'oppose de façon aussi déterminée à son frère.

Ils se mirent finalement d'accord pour jouer la pièce à pile ou face. Face, on donnait le shilling, pile, on le gardait. Ce fut Tom, bien-sûr, qui eut cette idée de pile ou face ; une idée rapportée de l'école. Il expliqua à Laura, puisqu'elle était l'aînée, comment jouer. Il fallait d'abord faire tenir la pièce sur l'ongle du pouce, puis la faire sauter en l'air d'un petit coup sec ; une fois à terre, il suffisait de regarder le résultat.

Sans doute parce qu'elle se rappelait les critiques de Tom quand elle lançait la balle au cricket, Laura donna une chiquenaude beaucoup trop forte. La pièce esquissa une large courbe avant de disparaître dans les hautes herbes, sur le bas- côté de la route. Ils cherchèrent désespérément, mais en vain. La pièce était bel et bien perdue.

– Ci-gît notre shilling, conclut Tom.

– Son shilling, précisa Hugues.

Ils tournèrent les yeux vers le casseur de pierres qui s'était arrêté de travailler pour regarder les jeux de ces enfants du beau monde. Il leur cria quelque chose, mais les enfants n'entendirent pas.

– Allez, venez. Tant pis ! dit Tom.

Et il reprit le chemin de Charlecote. Les autres le suivirent à contrecœur, traînant les pieds.

Mais une fois arrivés au château, la remise des cadeaux les égaya de nouveau. Elsie poussa un cri de joie et s'extasia lorsqu'elle réalisa que le petit flacon était pour elle. Elle ôta le bouchon et sentit le parfum.

– Ooooh ! Je vais sentir bon comme les dames, maintenant ; mais il ne faut pas que Madame la Baronne me sente parfumée comme ça. C'est magnifique ! Jamais je n'aurais pensé recevoir un cadeau de vous, belles demoiselles et beaux messieurs.

Elle leur fit à tous un grand sourire, et surtout à Tom qui lui avait offert le présent.

William Kembler quant à lui était aussi heureux : il avait justement besoin d'une pipe en argile car il venait de briser la sienne qui était déjà bien vieille.

– C'est moi qui l'ai choisie, précisa Laura.

Elle cherchait à plaire, et à gagner l'estime de William. N'était-il pas un excellent cavalier et ne savait-il pas conduire un attelage de quatre chevaux ? Laura rêvait de monter à cheval et de conduire un attelage aussi bien que lui, car selon elle, les filles pouvaient aussi bien réussir dans ce domaine que les garçons. Et même mieux, parfois.

Phillips n'était pas là quand ils vinrent lui rendre visite dans son cottage, mais sa femme assura que les cigarettes lui feraient vraiment très plaisir. Elle les invita à entrer et leur offrit du thé et des tranches de pain beurrées avec de la confiture de framboise, ce qu'ils ne refusèrent pas ! Elle s'amusa, ensuite, à déchiffrer leur avenir dans les feuilles de thé, et découvrit à chacun un destin vraiment exceptionnel. Tom serait admiré dans le pays tout entier grâce à un merveilleux acte de bravoure. Hugues ferait le tour du monde. Les filles épouseraient de

riches et bons époux auprès desquels elles vivraient très heureuses toute leur vie.

Laura demanda cependant :

– Ne se passera-t-il rien de plus exaltant auparavant ?

Quant à Margaret, morose, elle décréta qu'elle ne se marierait pas, bien qu'elle n'eût rien contre le fait de vivre heureuse.

Walter, bien-sûr, avait reçu en premier son cadeau. Tous les enfants l'aimaient particulièrement et c'est Hugues, son fervent admirateur qui le lui avait offert. Cette surprise toucha Walter qui ne cacha pas son émotion :

– Vous avez fait tout ce chemin de Honeford et vous m'avez acheté ça avec votre argent de poche ?

Hugues acquiesça. Alors Walter l'attira à lui et l'embrassa sur la joue. Il fit de même avec les deux fillettes avant de serrer la main de Tom.

Cette belle journée s'achevait dans la douceur et la joie. Plus tard, alors qu'ils étaient sur le point de se mettre au lit, Hugues demanda :

– Walter est bien marié, je crois. Il a une femme quelque part, n'est-ce pas ?

– Oui, répondit Laura, mais il n'a pas d'enfants.

– J'aurais tant aimé que nous soyons ses enfants, murmura Hugues.

PEU APRÈS LE RETOUR DE SIR ROBERT ET DE LADY HATTON, LE TEMPS SE COUVRIT. LES DERNIERS JOURS DES VACANCES FURENT PLUVIEUX.

Fräulein Schmidt allait bientôt rentrer d'Allemagne. Elle reprendrait ses leçons dans la salle d'étude, avec Laura, Hugues et Margaret. C'était une assez triste perspective, d'autant que Tom serait auparavant retourné au collège. De nouveau les enfants seraient séparés.

Le dernier jour des vacances, ils se rendirent dans leurs repaires favoris, là où ils avaient été les plus heureux ensemble.

Le soir, comme d'habitude, ils récitèrent en présence de leur mère leurs prières. Elle leur avoua combien elle était désolée que leurs vacances d'été s'achèvent déjà. Mais, ajouta-t-elle pour les consoler, Noël arriverait vite. A ces mots ils ressentirent une étrange mélancolie et ils restèrent silencieux. Comment pouvait-on déjà imaginer l'hiver alors que les mûres et les noisettes n'étaient pas encore arrivés à maturité ! Une éternité semblait les séparer de Noël.

Après avoir quitté leur mère, ils s'apprêtaient à rejoindre leurs chambres quand un domestique vint prévenir Tom que son père le demandait.

N'étant pas autorisé à s'asseoir dans le cabinet de travail, Tom se tenait, debout, près de la porte qu'il venait de fermer derrière lui. Son père arpentait la pièce de long en large. Enfin, il s'arrêta et, lui faisant face, il lui déclara qu'il devait être reconnaissant envers ses parents pour les vacances qu'il avait passées à Charlecote. Que le confort et les bons moments qui lui avaient été offerts étaient bien plus précieux que n'importe quel argent de poche.

– Oui papa, répondit placidement Tom, en pensant à la modeste somme dont il allait disposer pour le trimestre à venir.

Sir Robert insista ensuite sur la nécessité de bien travailler :

– N'oublie pas que même si tu vis à Charlecote, tu es avant tout un Hatton, un Hatton !

– Oui, papa.

Tom, tellement habitué à ces longs monologues, se contentait d'écouter Sir Robert d'une oreille distraite, ne répondant de temps à autre que « Oui, papa » pour éviter que l'entretien ne se prolonge.

– Oui, papa.

– Et souviens-toi toujours, ajouta Sir Robert, en guise de conclusion, qu'il n'existe qu'une seule manière d'exprimer sa gratitude envers ses parents : l'obéissance et l'affection.

L'entretien était terminé.

– Oui, papa.

A présent, après un baiser, il était autorisé à quitter le cabinet.

Il rejoignit ses frères et sœurs qui l'attendaient dans la salle d'étude. Ils avaient préparé un chant en son absence pour le réconforter.

Quand Tom entra, ils entonnèrent doucement :

– *Hardi les gars*!...

Mais ils s'arrêtèrent aussitôt, l'oreille aux aguets : quelqu'un s'avançait dans le corridor.

Les pas étaient beaucoup trop légers pour être ceux de Sir Robert. Il s'agissait sans doute d'un domestique : Hortense ? Papa et maman les auraient-ils donc entendus ? A la vue d'Elsie qui venait d'apparaître une assiette de gâteaux à la main, ils éclatèrent de rire.

– Monsieur Mark a cru entendre chanter et m'a demandé de faire un saut pour vous dire d'être prudents. Sir Robert pourrait vous entendre en allant dîner.

– Mais, et ces gâteaux ?

– Madame Ashley les a mis de côté pour vous ; elle est triste que vous partiez Monsieur Tom, et moi aussi.

– C'est épatant ! s'exclama Margaret. Jamais nous n'avons de gâteaux !

Et tous commencèrent à grignoter.

– Je sais bien que vous n'avez jamais de gâteaux, dit Elsie, et j'ai risqué ma vie en vous les apportant ! Mon Dieu et si je suis prise ?

– Nous vous protégerons, assura Tom.

– Pour sûr. Mais vous ne pourriez pas les empêcher de me chasser ; il y a plein de filles qui seraient heureuses d'avoir une place comme la mienne.

– Prenez un gâteau, Elsie, proposa Tom.

– Merci Monsieur. Mais pour vous dire la vérité, dans la salle à manger des serviteurs on est à meilleure enseigne que vous, ici. Madame Ashley est peut-être un peu vive, mais elle est de notre côté. Et puis quand même ! avec nos rations en commun, une livre de thé et une de sucre, on ne peut pas se plaindre. Et il y a les restes de la salle à manger – enfin, si Ernest ne se sert pas trop au passage. Quand même, il devrait faire attention, lui aussi...

Elsie se perdait dans son long discours.

– Enfin, franchement, on vous plaint bien, dit-elle pour conclure.

– Merci, Elsie, articula Laura la bouche pleine, imitée, tant bien que mal par sa sœur et ses frères.

Les gâteaux étaient délicieux et semblaient les griser comme du vin.

CHAPITRE HUIT

– Savez-vous pour qui nous vous avions prise ? demanda soudain Hugues. Pour la Grenouille !

Aussitôt ils encerclèrent joyeusement Elsie et se mirent à danser autour d'elle en chantant avec entrain :

– Ce n'est pas la Grenouille ! Ce n'est pas la Grenouille !

Puis, une idée en amenant une autre, toujours plus amusante :

– Allez, on joue à saute-mouton !

La ronde s'éparpilla aussitôt entraînant Elsie, et s'élança dans le corridor où il y avait suffisamment de place. Mais Elsie, craignant le tumulte et ce qui pourrait s'ensuivre, leur glissa entre les doigts et disparut en gloussant dans l'escalier. Les quatre enfants jouèrent donc ensemble à saute-mouton, sans retenue, comme jamais ils ne l'avaient fait auparavant, peu soucieux du bruit qu'ils provoquaient. Puisque Tom partait le lendemain et que Fräulein Schmidt arrivait le surlendemain, que pouvait-il donc leur arriver de pire ?

Mais, en fait, avec le temps, et sans que cela n'enlève rien à leur fougue, ils avaient appris à jouer discrètement – à rire tout bas, à amortir leurs chutes. Déjà, avant de commencer, et malgré leur excitation, ils avaient pensé à ôter leurs chaussures.

Personne ne vint leur transmettre de message de la salle à manger, où Sir Robert et Lady Hatton étaient maintenant attablés, Walter et Ernest à leur disposition. Personne ne vint interrompre leur petite fête d'adieu.

Les cheveux en pagaille, fatigués mais heureux, ils se couchèrent enfin.

CHAPITRE HUIT

Cette journée se terminait tellement mieux qu'aucun d'entre eux n'avait osé l'imaginer !

Tom partit tôt le matin suivant. Sa mère l'accompagnait à la gare.

Le coupé remonta l'allée, derrière le château, et Laura, Hugues et Margaret couraient dans son sillage. William retenait les chevaux pour permettre aux trois enfants de les suivre. Ils devancèrent même la voiture et se précipitèrent pour ouvrir la grille. Au moment où la voiture la franchit, Tom passa la tête par la fenêtre :

– Au revoir Laura, au revoir Hugues, au revoir Meg, dit-il.

Ses yeux étaient pleins de larmes.

De la grille, les enfants lui crièrent des au revoir aussi longtemps qu'ils aperçurent la main de Tom qui leur faisait signe. Mais déjà le coupé avait disparu. Ils se tinrent immobiles, silencieux, jusqu'à ce que Margaret s'écrie tout à coup :

– Comment va-t-on faire pour vivre sans Tom ?

– Il le faut, répondit sévèrement Laura.

Ils retournèrent tristement au château.

LES ENFANTS DE CHARLECOTE PRENAIENT CONSCIENCE DU TEMPS QUI PASSAIT LORSQU'ILS SE RETROUVAIENT ET PLUS PARTICULIÈREMENT lors des vacances d'été, ces vacances qui leur permettaient de s'amuser en toute liberté pendant de longues journées.

L'été qui venait de s'écouler semblait avoir marqué une étape dans le lent voyage menant à l'âge adulte et à l'indépendance.

Toujours, au début des vacances, quand ils prononçaient leurs vœux à l'entrée du parc, Hugues souhaitait grandir vite; Laura et Tom partageaient ce vœu. Seule Margaret ne le désirait pas particulièrement. Ce qu'elle souhaitait par-dessus tout était la présence auprès d'elle de ses frères et de sa sœur. Ils partageaient tous les quatre, et sans hésitation, ce même désir.

L'été du premier retour de Tom, il y a de cela quelques années maintenant, était devenu un point de repère dans leur vie. Puis il y avait eu d'autres étés, d'autres points de repères; et il en existerait bien d'autres.

Tom allait avoir treize ans, et dorénavant son billet de train coûterait plein tarif. « Sir Robert en fera tout un plat quand ça arrivera », disait Walter. Et comme Tom grandissait, il aurait bientôt une chambre pour lui seul, et de ce fait Hugues dormirait seul également. Puis, les uns après les autres, les enfants seraient en âge de dîner régulièrement avec leurs parents. Ce qui n'enchantait personne !

Voilà ce qui les attendait. Depuis ce dernier été, les enfants avaient pris conscience que les vacances, désormais, ne seraient plus jamais les mêmes. Pour la dernière fois de sa vie, Hugues avait été présent pour accueillir Tom à son retour du collège, avec Laura et Margaret. L'été prochain, lui-même reviendrait avec son frère de la pension. Car, d'après certaines réflexions de leurs parents, qu'avaient notées Walter et Ernest pour les rapporter de l'autre côté de la porte capitonnée, son départ au collège semblait quasiment sûr. Laura jalousait Hugues :

– Tu as de la chance, toi ! Je sais, Tom dit que le collège c'est horrible, et que la nourriture est pire qu'à la maison. Il y a le fouet, les engelures et tout ça, mais au moins, tu pars. Tu as de la chance...

Hugues ne répondit pas.

Ils étaient en train de discuter tous les trois dans la chambre des filles, en toute tranquillité comme toujours quand leurs parents dînaient. Laura ne cessait de parler, d'aller et venir d'un bout à l'autre de la chambre. Elle semblait furieuse, mais il aurait été bien difficile de dire contre qui. Margaret, assise, écoutait, placide.

Soudain Laura saisit le miroir à manche d'ébène, cadeau de sa mère pour son treizième anniversaire. Si on lui avait offert ce miroir dans l'espoir qu'il l'aiderait à se transformer en une jeune personne élégante, eh bien, on s'était trompé. Laura ne l'utilisait jamais spontanément. Mais là, elle se regarda, l'air furieux.

– Laura Hatton ! dit-elle dédaigneusement en le reposant brutalement sur la coiffeuse, le claquant si fort que Margaret sursauta.

– Tu as dû le casser, s'exclama Hugues.

Il avait raison.

– Sept ans de malheur ! ajouta-t-il.

– Qu'y a-t-il de pire que d'être Laura Hatton, de toute façon ? s'emporta-t-elle.

– Pourquoi tu dis ça ? demanda Margaret.

– Parce que je suis une fille ; et j'ai beau être l'aînée, c'est Tom qui héritera de Charlecote. Je suis aussi plus intelligente que Hugues – ce dont ils étaient tous d'accord sans qu'il y eut la moindre vanité ou rancœur de part et d'autre –, mais c'est lui qu'on envoie au collège, pour y recevoir une bonne instruction.

Grâce à ces études, lui pourra faire quelque chose de sa vie. Moi, je suis une fille, alors je dois rester à la maison. Je dois attendre de grandir et puis on me mariera...

Elle termina son éclat, comme elle l'avait commencé, en répétant furieusement à Hugues :

– Toi tu as de la chance, c'est toi qui as de la chance.

Soudain Hugues devenant aussi furieux qu'elle s'écria :

– Tais-toi ! Mais tais-toi donc !

Margaret, horrifiée, s'était levée de son siège :

– Mais taisez-vous ! Ils vont vous entendre.

Dans le silence qui s'ensuivit, il n'y eut heureusement aucun coup de sonnette, aucun bruit de voix ni de pas montant vers eux. Laura fixait Hugues, stupéfaite, comme s'il lui était devenu étranger. Avec le plus grand calme elle lui lança :

– Espèce d'idiot ! Tu as la chance de partir et tu as peur. Et ce n'est pas à cause du fouet et des engelures ou de tout ça, n'est-ce pas ? Toi tu as peur parce que tu vas partir pour la première fois de ta vie. Partir. Ce pour quoi je donnerais tout, moi. Toi, au fond, tu as peur.

– Tais-toi, répéta Hugues.

Dans sa détresse, Margaret pleurait.

– Qu'est-ce qu'il y a ? pleurnicha-t-elle. Pourquoi est-ce que vous vous disputez ?

– Nous ne nous disputons pas, répondit Laura.

– Tu peux pas comprendre, affirma Hugues.

Il quitta la pièce et retourna dans sa chambre.

CHAPITRE NEUF

Margaret, qui pourtant ne s'inquiétait pas facilement, resta éveillée cette nuit-là. Elle tremblait pour sa petite existence qui reposait sur sa famille, en l'occurrence ses deux frères et sa sœur. Jamais auparavant, elle n'avait assisté à une telle dispute – ou, s'il ne s'agissait pas d'une dispute, à un tel événement. Elle en était bouleversée. L'avenir lointain qu'avait vu Laura dans son miroir et l'avenir proche que craignait Hugues et qu'il avait honte de craindre : voilà bien deux choses qu'elle ne comprendrait jamais.

Parmi les quatre enfants, Margaret était celle qui remarquait le moins les transformations qui s'opéraient avec le temps. Les autres disaient toujours que la vie s'écoulait trop lentement à Charlecote. Elle, en y réfléchissant bien, trouvait que tout allait toujours trop vite, la laissant constamment à la traîne. Elle ne grandissait pas autant que les autres. Par certains côtés, elle resterait sa vie durant une petite fille.

– C'est pas la plus brillante de la famille ; elle est plutôt simplette, disait-on côté service, quand aucun enfant ne pouvait entendre.

Une fois oubliée la dispute qui, aux dires de son frère et de sa sœur, n'en était pas une, Margaret passa Noël, tranquillement. Les mêmes repas, les promenades et les leçons avec Fräulein Schmidt ponctuaient inlassablement ses journées. Malgré cela, elle n'enviait pas à Hugues ses nouvelles aventures. En effet, depuis que les nuits tombaient tôt, il avait trouvé le moyen de se glisser au-dehors, profitant de l'obscurité, pour rencontrer Victor.

CHAPITRE NEUF

Le chien Jet, attaché dans sa niche près de la porte de service, était la seule créature à observer ses allées et venues. Laura avait décrété qu'elle ne l'accompagnerait pas dans ses expéditions et qu'elle ne laisserait pas sortir Margaret. Elle avait subitement décidé que Victor n'était pas leur ami, mais celui de Hugues.

– Mais c'est notre ami à tous ! Vous l'aimez bien vous aussi, avait dit Hugues.

– Oui, mais en fait, c'est ton ami à toi, et il serait idiot de dire le contraire, avait rétorqué Laura. Vous êtes tous les deux des garçons, vous avez presque le même âge. C'est stupide de prétendre que nous pouvons toujours tout faire tous ensemble, et tout partager. Il n'y a que toi qui as un ami ; nous, nous n'en avons pas. Tom n'a même pas réussi à s'en faire un au collège, malgré ce qu'il a dit. Quant à Meg et moi, c'est impossible qu'on en aie, parce qu'ici il n'y a personne avec qui devenir ami. Il n'y a que toi qui as de la chance. Ce serait vraiment stupide de prétendre le contraire.

Plus tard, Laura se radoucit et demanda à Hugues ce que Victor et lui avaient fait. Rien de spectaculaire, en vérité. Ils avaient joué à la marelle au clair de lune, à Jacques-a-dit parmi les tombes du cimetière, et, bien sûr, grimpé aux arbres. Ils avaient préparé la recherche des nids pour l'année suivante. D'ailleurs, Victor se vantait toujours d'attraper un jour un œuf de héron. Une fois, mis au défit, Hugues lui avait fait faire le tour complet du château, lui avait montré du doigt la fenêtre de sa chambre, et aussi celle du cabinet de travail de son père. Le grand rectangle de la fenêtre était faiblement éclairé par la lueur d'une lampe allumée de l'autre côté des épais rideaux. Sir Robert travaillait ce soir-là. Les deux garçons reculèrent dans l'ombre.

L'époque de la chasse arriva avant même le retour de Tom pour les vacances de Noël. Hugues détestait autant la chasse que Laura l'aimait. Puis vint le temps des feux de jardin et des pommes de terre cuites sous la braise. Dans la salle d'étude, on pouvait faire rôtir des châtaignes.

La fête de Noël organisée pour les enfants du village se déroula dans la salle à manger des domestiques. Leurs visages, bien frottés à l'eau et au savon pour cette occasion, brillaient, et leurs regards voraces couraient sur les piles de sandwiches et de gâteaux. Victor, qui auparavant se joignait aux autres enfants, ne vint pas cette année-là. Il expliqua à Hugues que son père, Mr Tomlin, lui avait interdit de s'y rendre.

Mais l'événement de cette fin d'année fut l'apparition d'une voiture automobile. Ce fut la première qui franchit le portail du parc, et remonta l'allée à trente kilomètres à l'heure. Elle s'arrêta devant l'entrée principale de Charlecote.

– Quand même, et si l'un de nous avait été à cheval ! s'exclama Laura, indignée. On n'a pas idée de venir à cette allure avec un tel fracas. Et ces coups de klaxon ! Vraiment !

Mais elle fut ravie de se joindre à Hugues et Margaret pour examiner la nouveauté de près.

Le propriétaire et conducteur enthousiaste du véhicule, Lord Pinewood, leur en donna l'autorisation. Mais il fallait également obtenir la permission de leurs parents car seuls, en effet, Sir Robert, Lady Hatton et leurs invités utilisaient l'entrée principale du château. Les enfants de la famille, les serviteurs, les fermiers et autres personnes qui venaient pour de prosaïques affaires passaient par la porte de derrière ou par une entrée latérale.

Lord Pinewood était venu consulter Sir Robert au sujet d'importantes affaires du comté dans lequel il avait une influence certaine. Sir Robert, quant à lui, et selon les propres mots de Walter, entretenait cette relation uniquement par intérêt. Toujours d'après Walter, Sir Robert avait décidé de devenir quelqu'un d'important, en dehors de son mariage avec l'héritière de Charlecote.

– Il va manœuvrer pour se faire élire membre du Parlement pour la région, ou quelque chose comme ça. Et s'il n'y parvient

pas, eh bien, il essaiera autre chose de ce genre, peut-être dans sa région, dans le Yorkshire. Vous verrez, disait Walter.

L'entrevue dura presque une heure dans le cabinet de travail. Puis Lord Pinewood repartit, faisant à nouveau date dans l'histoire de Charlecote en étant la première personne à quitter le domaine en voiture automobile. Mais cette fois, on s'y attendait.

Après avoir observé le dernier nuage de gaz d'échappement pinewoodien, les enfants rentrèrent se préparer pour leur promenade à cheval du matin. Sir Robert, quant à lui, s'entretint avec un métayer. Il sonna ensuite Walter afin de prévenir Lady Hatton qu'il souhaitait la voir dans son cabinet de travail.

– Il me semble avoir entendu la voix de Monsieur Hugues derrière la porte quand vous êtes entré, dit-il à Walter avant qu'il ne s'éloigne.

– Je ne pense pas que ce soit possible, Sir Robert, répondit Walter. Je pense que tous les enfants sont sortis pour monter à cheval ; à moins que je ne me trompe.

Walter referma soigneusement la porte du cabinet et entrouvrit celle donnant sur l'office.

– Allez, décampez tous, dit-il aux enfants. Il vous a très bien entendus.

– Ooooh, gémit Margaret en habit de cheval, s'engouffrant aussitôt dans le placard à argenterie.

– Mais, voulez-vous sortir de là ! ordonna Walter. Allez ! dehors tout le monde. Sinon, c'est moi qui aurai des ennuis et qui serai renvoyé.

CHAPITRE NEUF

Dégrisés par ces paroles, les enfants traversèrent sur la pointe des pieds le corridor dallé et s'enfuirent par la porte de derrière. Walter referma la porte de l'office, et se retrouva presque nez à nez avec Sir Robert qui attendait, debout, aux aguets, devant son cabinet de travail.

– Il me semble vous avoir demandé d'aller chercher Madame ! dit-il d'une voix autoritaire.

– Oui, Sir Robert, acquiesça Walter. Je pensais qu'elle distribuait les provisions de la semaine à Madame Ashley, mais elle doit être dans son boudoir.

– La prochaine fois, allez tout suite où il faut et faites marcher aussi bien vos jambes que votre tête.

– Oui Monsieur.

En son for intérieur, Walter se disait : « Il est de mauvaise humeur. Que se passe-t-il ? Des ennuis à venir pour Madame la Baronne, j'en donnerai ma tête à couper. »

Sir Robert était maintenant seul à seul en compagnie de sa femme dans le cabinet de travail.

– Pinewood se moque complètement du qu'en-dira-t-on, à courir la campagne dans ce véhicule, dit-il.

Lady Hatton partageait entièrement son avis : le cheval était non seulement un moyen beaucoup plus digne pour se déplacer mais également beaucoup plus sûr. Lord Pinewood la surprenait.

– N'importe, reprit Sir Robert. C'est un homme habile et utile.

Mais il n'avait pas demandé à sa femme de venir le rejoindre pour lui parler de l'utilité ou non de l'automobile de Pinewood. Il voulait l'entretenir de l'avenir de Hugues. Il s'agissait en fait des dépenses occasionnées par son collège.

– Le nombre de vêtements soi-disant nécessaires pour son trousseau est aussi démesuré qu'insensé, dit-il en agitant une liste qu'il avait en main.

– C'est le minimum que demande le collège, répondit doucement Lady Hatton. Et dans la mesure du possible, Hugues porte les vieux vêtements de Tom.

– Je sais, je sais....

Les doigts de Sir Robert tambourinaient fébrilement le bureau. Il regardait par la fenêtre ; la vue de la cour gravillonnée et vide d'enfants le calmait souvent.

– Prenons le temps de réfléchir avant de faire ces dépenses ridicules et surtout superflues que demande l'administration scolaire, ajouta-t-il.

D'une plume décidée, il commença à rayer certains objets figurant sur la liste.

CHAPITRE DIX

TOM ET HUGUES ÉTAIENT ASSIS FACE À FACE, DANS LE TRAIN QUI LES EMMENAIT AU COLLÈGE. C'ÉTAIT LA PREMIÈRE fois que Hugues quittait la maison et ses sœurs. Il ne se souvenait pas non plus s'être séparé un seul jour de Walter et des autres domestiques. Il avait refermé derrière lui la porte de la chambre d'enfants pour la première fois également. Il avait définitivement dit adieu au cheval à bascule, au chat blanc, au perroquet vert, au portrait de W. G. Grace…

Des paysages inconnus défilaient devant la fenêtre du wagon; Hugues en avait mal aux yeux. Ses paupières étaient déjà gonflées d'avoir pleuré en cachette. Il y avait d'autres personnes dans le compartiment de troisième classe, si bien que les deux garçons ne pouvaient se parler librement. De temps en temps, Tom souriait à Hugues pour l'encourager. Le premier trimestre au collège ne serait pas aussi pénible pour Hugues qu'il l'avait été pour Tom. Tom serait là pour protéger son frère des pires brimades. Hugues pouvait compter sur lui.

Tom observait Hugues sans que ce dernier puisse s'en rendre compte. Jusqu'à ce jour Hugues avait porté des vêtements de petit garçon : des chandails avec un kilt, ou des pantalons courts, ou des costumes de marin pour les occasions spéciales. Aujourd'hui, et pour la première fois, il était habillé comme un écolier, avec des pantalons de golf qui avaient appartenu à Tom, un col et une cravate d'Eton*. Au-dessus de lui, dans le filet,

étaient posés son manteau et son chapeau melon. Tout cet équipement avait un peu éclairé cette lugubre journée de janvier. Hughes sentait qu'il ressemblait enfin aux autres garçons de son âge, intrépides et indépendants. Mais les cheveux de Hugues ! Tom fronça les sourcils se demandant comment son père avait laissé sa mère envoyer Hugues au collège avec ses longues boucles. Hugues, lui-même, n'en avait pas conscience, et il aurait été stupéfait et furieux d'apprendre qu'on aurait pu le prendre pour une fille. Mais pourtant c'est bien ce qu'on dirait de lui au collège.

Tom hocha la tête, songeur, puis commença à envisager la première phase, assez remarquable, d'une escapade. Ils avaient été confiés au contrôleur, avec la stricte recommandation de suivre exactement ses indications au moment de changer de train.

* Le plus célèbre des collèges anglais, fondé en 1440.

Tom avait suffisamment d'expérience pour savoir dans quelle gare et à quelle heure ils devraient descendre.

Il se pencha vers Hugues et lui dit :

– Nous changeons ici. Prépare-toi et dès que le train s'arrêtera, suis-moi de très près avec ton sac.

Le contrôleur ne trouva donc plus personne et les autres voyageurs ne purent lui dire où les enfants étaient partis. Quelqu'un fit néanmoins la remarque suivante :

– De toute façon, ils avaient l'air de très bien savoir ce qu'ils faisaient.

Tom, en effet, le savait. Ils s'étaient enfermés dans une des toilettes de la gare. Là, à l'abri des regards et des oreilles indiscrètes, Tom dit :

– Nous n'irons pas au collège...

– Tom ! s'écria Hugues dans un élan de joie et de reconnaissance.

– ... avant qu'on ne te coupe les cheveux.

– Tom, répéta Hugues, sur un ton bien différent cette fois.

CHAPITRE DIX

Mais Tom avait levé la main et de l'air le plus autoritaire qu'il pouvait prendre dans cet espace restreint :

– Pas un bruit jusqu'à mon signal. Sinon on pourrait nous entendre et nous serions pris.

Des gens entraient et sortaient des toilettes. Quelqu'un appela à la cantonade :

– Personne n'a vu deux garçons qui se sont perdus ? Deux garçons ?

Il n'y eut pas de réponse.

Pendant une demi heure Tom et Hugues attendirent dans le cabinet verrouillé. Tom était le seul à parler, toujours à voix basse, à chaque fois qu'il consultait sa montre.

– Le train qui nous a emmenés devrait partir maintenant ; mais ils doivent craindre que nous soyons dedans. Ils nous cherchent certainement encore.

Plus tard comme un train sifflait :

– Ah ! Il s'en va. Ils ont dû penser que finalement nous ne pouvions être restés dedans. De toute manière, ils ne pouvaient plus attendre davantage.

Un long moment passa puis Tom regarda de nouveau sa montre :

– C'est l'heure où notre train doit arriver, maintenant. Je suis sûr que les porteurs et les autres employés vont être aux aguets, au cas où nous surgirions soudain pour le prendre… Mais ils ne nous verrons pas !

Un autre train siffla.

CHAPITRE DIX

– Bon, il part sans nous. Nous avons raté la correspondance ! Les gens de la gare vont abandonner leur recherche… Laissons leur encore dix minutes, après nous filerons.

C'est en prenant les plus grandes précautions qu'ils quittèrent enfin leur refuge. Tom jeta un œil sur le quai :

– La voie est libre ; suis-moi, et surtout donne l'apparence de faire quelque chose qu'il avait toujours été prévu de faire.

Et Tom, d'un pas décidé, se dirigea non pas vers la sortie, mais vers le bout du quai où un portillon s'ouvrait sur la cour des marchandises.

– Je savais qu'il y avait un portillon, murmura-t-il avec une certaine satisfaction.

Ils traversèrent la cour et se retrouvèrent sur la route, sans que personne ne leur ait demandé quoi que ce soit. Hugues restait silencieux, admiratif devant l'intelligence et l'audace de Tom, et aussi sous le contrecoup du long silence imposé dans les toilettes. Son visage s'éclairait d'un espoir tranquille.

Ils marchaient maintenant dans les rues de la ville. Chez le premier épicier venu, ils achetèrent des pommes et des bananes. Tout en mangeant, ils poursuivirent leur chemin jusqu'à ce qu'ils trouvent une boutique de coiffeur. Hugues n'avait guère réalisé ce qu'avait voulu dire Tom à propos de ses cheveux, jusqu'à ce que le coiffeur, ciseaux en main, s'exclame d'un air désolé :

– Quels cheveux magnifiques ! Les dames seraient jalouses de ces boucles et de ces ondulations ; si souples avec ça ! Et, si je peux me permettre, d'une couleur châtain tout à fait inhabituelle. Un châtain très léger. Quel dommage de les couper! Mais je connais les jeunes gens! C'est vrai, les cheveux longs tombent dans les yeux quand on joue au football et au cricket…

Il soupira et se mit au travail.

Une fois les cheveux de Hugues coupés, Tom paya le coiffeur, et ils se retrouvèrent dans la rue..

– Que faisons-nous maintenant, Tom ? demanda Hugues.

– Je crois que d'abord, nous ferions mieux de retourner à la gare, répondit Tom.

Tom était inquiet, conscient d'être arrivé au bout de son plan. Il avait certes brillamment réussi à en franchir la première étape, mais celle-ci était maintenant achevée et il restait à assumer la fin de l'escapade.

– On va quand même au collège ? reprit Hugues.

Mais Tom répondit que non. Car si jamais ils présentaient leur billet à la gare, on comprendrait aussitôt que c'était eux qui faisaient l'école buissonnière. Cela ferait tout une histoire, sans parler bien sûr de ce qui les attendrait au collège à leur arrivée, où là ce serait pire.

– On ne pourrait pas rentrer à la maison ? suggéra timidement Hugues.

Mais Tom, de nouveau, répondit non. Car alors, ce serait encore plus terrible pour eux.

Ils étaient arrivés en vue de la gare. Le soleil se couchait et le crépuscule s'installait. Soudain, désespéré, Hugues répéta :

CHAPITRE DIX

– Rentrons, s'il te plaît, Tom, rentrons. Rentrons, je t'en prie.

Tom capitula. Il n'avait pas d'autre solution à proposer. Hugues non plus n'en avait pas, et son désir irrépressible de rentrer à Charlecote les submergea finalement tous deux.

Les dépenses de l'après-midi n'avaient pas trop entamé leur argent de poche du trimestre. Ils dépensèrent ce qu'il leur restait en achetant deux billets. Non pas pour la gare de Charlecote, ce qui coûtait trop cher, mais pour une autre gare située à une quinzaine de kilomètres de là. Puis ils attendirent le train.

Quand il arriva dans des panaches de fumée, l'obscurité régnait et on avait allumé les lampes à gaz le long des quais. Soulagés, ils grimpèrent enfin dans un wagon, et avant même que le train ne reparte ils s'étaient endormis dans la chaleur d'un compartiment. Ils étaient épuisés.

Ils se réveillèrent au milieu de cauchemars, sursautant d'effroi à la voix d'un employé qui annonçait la gare où ils devaient descendre.

– Et maintenant ? demanda Hugues à haute voix.

Ils étaient encore engourdis par la chaleur et le sommeil. Sur le quai, le froid les réveilla brusquement. Comme Tom restait silencieux, Hugues répéta :

– Et maintenant ?

Tom répondit avec humeur :

– Eh bien, est-ce que tu peux marcher les quinze kilomètres avec ton sac ?

– Non.

– Alors, il faut que nous prenions un fiacre

Il y en avait justement un qui attendait. Ils s'y installèrent, et Tom indiqua au cocher leur destination.

– Le château de Charlecote, dit-il. Oui, chez Sir Robert Hatton.

Les garçons restèrent muets tandis que le fiacre avançait en cahotant sur les petites routes menant à Charlecote. Il s'arrêta enfin devant les grilles du parc. Le cocher sauta à terre pour les ouvrir.

– Nous allons nous arrêter ici, lui dit Tom. Je vais vous payer maintenant.

– Ce sera dix shillings, Monsieur.

Hugues commença à sortir leurs bagages. Pendant ce temps, Tom fouillait ses poches. Mais ils savaient tous deux que c'était inutile.

– J'ai bien peur de n'avoir que trois shillings, finit par avouer Tom.

– Eh bien, je vais vous emmener au château, et c'est votre père qui paiera.

– Non, oh ! non ! s'écria Tom. Ne faites pas ça.

Mais le cocher entendait se faire payer son dû. Il rouvrit la portière du fiacre afin que les enfants remontent. Mais à la pensée de leur père apprenant leur retour en même temps qu'on lui demanderait dix shillings, ils furent pris de panique. C'était trop pour eux.

– Viens Hugues ! cria soudain Tom.

CHAPITRE DIX

Et il s'enfuit dans la nuit par la petite porte de la grille, son bagage à la main, Hugues sur ses talons.

Le cocher ne se précipita, ni ne s'alarma. Mais il était déterminé. Il referma la porte de son fiacre vide, ouvrit la grille et remonta l'allée en direction du château.

Les garçons couraient à toute allure. Soudain, ils entendirent les claquements des sabots du cheval au pas derrière eux. En se retournant, ils virent dans la nuit trembloter les lampes à huile des lanternes.

Enfin, ils atteignirent la porte de derrière, et s'engouffrèrent cette fois sans hésiter – étant données les circonstances – dans le corridor menant aux cuisines. Madame Ashley était en train de servir le dîner des domestiques. A la vue des enfants elle poussa un grand cri et laissa échapper une casserole. Puis elle les fixa attentivement, ramassa sa casserole et dit :

– Ma parole, vous m'avez fait une de ces peurs ! Je vous ai pris pour des fantômes. Que s'est-il passé ? Madame la Baronne et Sir Robert vont être tout retournés !

– Où sont-ils ? demanda Tom.

– Encore dans la salle à manger.

– Pouvez-vous appeler Walter ?

Mais Walter était déjà là.

– Le diable m'emporte, dit-il au comble de l'étonnement. Je n'en crois pas mes yeux.

En peu de mots, Tom mit au courant Walter, Madame Ashley et Elsie de leur situation critique. Elsie venait juste d'arriver, et, debout à côté des deux domestiques, restait bouche bée.

– Et maintenant, qu'allons-nous faire ? demanda Tom. Nous pourrions nous cacher dans les combles ? Ou dans les remises ? Non ?

– Mais... mais ils vous trouveront forcément, répondit Walter.

– Il y a la cloche de la porte de derrière qui sonne, parvint à articuler Elsie, en ayant les plus grandes peines du monde à refermer la bouche.

Tom gémit.

– C'est le cocher qui veut ses dix shillings.

– Mais..., répéta Walter, mais je n'ai pas cette somme et on ne la trouvera pas par ici. Il faut que je la demande à Sir Robert. Je vais tâcher de lui raconter une histoire à propos de votre correspondance manquée, des cheveux coupés et de l'état dans lequel vous êtes. Je lui dirai aussi que Monsieur Hugues n'en mène pas large, ce qui est bien vrai. Et maintenant, écoutez-moi bien tous les deux : on a reçu un télégramme du proviseur de votre collège, disant que vous n'étiez pas arrivés comme prévu. Alors vous voyez, votre retour c'est plutôt un soulagement qu'une surprise – au moins pour Madame.

– Mais où pouvons-nous aller ? demanda Tom.

CHAPITRE DIX

– Restez ici, dit Walter. Sir Robert ne viendra jamais dans la cuisine.

Ils restèrent donc dans la cuisine. Madame Ashley en profita pour leur confectionner à chacun une énorme tartine à la confiture. Hugues, hébété par tant d'événements, garda la sienne à la main, incapable de la manger.

Walter ne tarda pas à revenir.

– Tout va bien, annonça-t-il. Sir Robert n'a pas eu l'air trop bouleversé. Evidemment il s'est mis en colère pour les dix shillings. Mais il a admis que d'après ce que je lui avais raconté, ça aurait pu être bien pire. Quant à Madame, elle a demandé que je vous dise à tous les deux d'aller tout de suite vous coucher. Elsie vous apportera à chacun un bol de lait avec du pain, et votre mère viendra ensuite vous souhaiter une bonne nuit.

Hugues était bien trop épuisé pour dire quoi que ce soit. Il était accablé de fatigue. La course pour fuir le cocher, avec son sac à bout de bras, avait eu raison de ses dernières forces.

Tom s'écria avec ferveur :

– Comment pourrons-nous jamais vous remercier, Walter ?

– Un jour, peut-être. Maintenant, hop ! au lit. Et vous également, Monsieur Hugues.

Pour la première fois, il regarda Hugues avec attention.

– Mais vous êtes devenu un vrai garçon maintenant, il n'y a pas d'erreur, Monsieur Hugues, avec vos cheveux courts. Pour sûr, vous grandissez vite.

CHAPITRE DIX

Hugues perçut vaguement la voix de Walter, comme dans un rêve.

Il dormait déjà profondément dans sa chambre quand, plus tard, Elsie apporta le pain et le lait. Il ne se réveilla ni à ce moment, ni quand vint sa mère.

A Tom, Lady Haton déclara :

– Papa pense que vous avez des excuses étant données les circonstances que nous a décrites Walter. Mais, évidemment, vous devrez retourner demain au collège et sans que papa vous donne encore cinq shillings à chacun. Il a déclaré que vous n'aurez plus d'argent pour ce trimestre.

Elle l'embrassa et lui souhaita bonne nuit.

C'est au comble de l'étonnement que, le matin suivant, Laura et Margaret découvrirent les garçons. Margaret ne se soucia pas de comprendre les explications de Tom, mais Laura écouta attentivement, tout en tournant fréquemment les yeux vers Hugues.

Après le déjeuner dans la salle d'étude, ils descendirent tous, comme d'habitude, pour les prières familiales. Puis ils écoutèrent le sermon solennel de Sir Robert, au sujet de la conduite des garçons, qui conclut en disant :

– Cela ne doit pas se reproduire. Moi, je suis allé courageusement au collège, et pourtant je n'aimais pas cela du tout ; et j'ai travaillé dur, sinon où serais-je à l'heure actuelle ? Je serais où vous risquez d'arriver Hugues, si vous ne vous appliquez pas : sur la route à casser des pierres.

CHAPITRE DIX

– Oui, papa.

– Bon! vous pouvez vous retirer. Soyez prêts à repartir.

Une nouvelle fois, ils allèrent dire au revoir à Walter. Laura et Margaret les accompagnaient.

– Vous allez voir, dit Walter en s'adressant à Hugues, partir vous coûtera moins cette fois.

– Pourquoi ?

– C'est la première fois qui est la pire, après ça va mieux.

– Laura n'aurait pas fait d'histoires, elle, même pour la première fois, répondit Hugues.

– Tout le monde n'est pas pareil, reprit Walter sans plus de précisions.

Puis se tournant vers Laura il ajouta :

– Un jour, ce sera votre tour, Mademoiselle Laura.

– C'est ce que me dit Madame Phillips, quand elle essaye de nous lire la bonne aventure dans les feuilles de thé, dit Laura.

– Je n'y connais rien aux feuilles de thé, mais je sais reconnaître une jeune personne d'esprit quand il y en a une en face de moi, Mademoiselle Laura. Et je dis qu'un jour la chance vous sourira ; et alors vous la saisirez.

– Une femme d'esprit... c'est si différent et tellement mieux qu'une lady, murmura Laura en rougissant.

EST-CE CETTE ANNÉE-LÀ OU BIEN LA SUIVANTE QU'EVIE TOMLIN MOURUT ? PERSONNE, PLUS TARD, NE S'EN SOUVINT TRÈS EXACTEMENT. La mort d'un enfant était alors chose courante et Evie était malade depuis longtemps.

Cet événement survint juste avant le retour de Tom et de Hugues pour les vacances de Pâques. Laura fut la première à en être informée par les allées et venues de la porte de derrière. En effet, en ayant la confiance de ceux qui empruntaient cette porte, il était possible d'être au courant de tout, bien avant le devant de la maison. La carriole du boulanger s'arrêtait trois fois par semaine à la porte de service, apportant les nouvelles en même temps que le pain. La voiture du postier faisait également halte là. Et quand le petit télégraphiste arrivait avec un télégramme, tout le monde savait qui était malade ou qui refusait une invitation, avant même que Sir Robert ouvre le message apporté sur le plateau d'argent.

CHAPITRE  ONZE

Laura fut très triste, ainsi que les garçons, quand ils apprirent la nouvelle.

– J'aurais tant aimé l'avoir comme amie, dit Margaret qui avait le même âge qu'elle.

Mais Evie, invalide, avait toujours vécu confinée chez elle. Et personne, en dehors de sa famille, ne l'avait connue bien portante.

– Pauvre enfant ! s'exclama Lady Hatton.

Mais Lady Hatton, comme son époux, avait toujours éprouvé une nette antipathie pour ce maître d'école, père d'Evie. Elle lui reconnaissait, certes, le devoir d'éduquer, mais il n'avait pas besoin d'approfondir son enseignement comme il le faisait. Apprendre à lire, à écrire, à compter, était suffisant pour les enfants du village. Leurs pères, du temps de son père à elle, s'étaient contentés de cela. Vouloir leur apporter plus ne créerait que des insatisfaits. L'instituteur était dans l'erreur de vouloir leur apprendre davantage.

Sir Robert ajouta qu'il avait entendu dire que le fils de cet homme – Victor – avait l'ambition d'aller à l'université. De toutes les manières, il prenait des allures au-dessus de sa condition. Aujourd'hui la discipline avait cédé trop de terrain. Enfin, toute cette histoire était déplorable.

Un après-midi, peu de temps après la mort d'Evie, le pasteur rendit une de ses visites habituelles à Sir Robert et à Lady Hatton. Ernest, qui leur servait le thé, rapporta à l'office ce qui se passait.

CHAPITRE  ONZE

– Non d'un chien ! dit-il en secouant la main. Il y a une de ces discussions entre Sir Robert et le pasteur ! C'est incroyable, mais c'est à cause des réparations à faire au presbytère et à l'église. Et puis le pasteur s'est mis à parler de l'école. Alors Sir Robert a explosé. « Quel scandale ! Quel est donc ce maître d'école avec ses idées radicales ? Il devrait d'abord connaître son devoir qui est de se taire, ensuite il ferait mieux d'enseigner le respect envers des personnes comme lui, Sir Robert, et surtout, de les respecter lui-même... » Etc. etc. etc.

Walter coupa la parole à Ernest qui semblait dépassé par sa propre éloquence.

– Et maintenant que Sir Robert a gourmandé le pasteur, celui-ci va certainement s'en prendre à l'instituteur. Si toutefois il peut supporter ça après la mort de la petite.

Personne ne sut exactement ce qu'il advint par la suite.

Il n'y eut pas de témoin de l'entrevue entre le pasteur et l'instituteur. Cependant, tout le monde sut que la dispute fut terrible. Aucune description d'Ernest, aussi pittoresque soit-elle, n'aurait été à la hauteur.

Les enfants Hatton en surent davantage, parce que Victor et Hugues parvinrent à se rencontrer à la grille du parc. Victor, le visage pâle et un crêpe noir au bras, ne resta que quelques minutes et parla très brièvement. Il dit que son père voulait quitter Charlecote immédiatement. En fait, il n'était venu que pour permettre à Evie de respirer l'air de la campagne et de manger des choses saines. Maintenant qu'elle était morte, rien ne le retenait dans un endroit pareil. Il allait emmener sa famille à Londres. Là, il pourrait trouver un bon poste, et Victor aurait beaucoup plus de chance d'obtenir des bourses d'études. Victor ajouta qu'il essaierait encore de rencontrer Hugues, au moins pour lui dire au revoir. Mais Hugues attendit en vain au rendez-vous qui avait été fixé.

Ce jour-là coïncidait avec une absence de Sir Robert et de Lady Hatton qui étaient partis pour quelques jours dans le Yorkshire. Les enfants décidèrent alors, d'une même voix, de faire une ultime tentative pour rencontrer Victor. Ils se rendirent à la maison du maître d'école mais tous les volets étaient fermés. Ils n'eurent pas le courage de frapper à la porte d'entrée. Tandis qu'ils observaient la maison, le maître d'école sortit dans le jardin et les aperçut. Il les invectiva, furieux. Les quatre enfants s'éloignèrent donc.

– Il doit garder Victor prisonnier jusqu'à son départ, dit Tom.

Ils regardèrent tous leur frère avec compassion. Hugues ne cachait pas son désarroi : il perdait son seul ami. Il leur fallait donc oublier Victor, comme si Londres l'avait déjà englouti.

La nuit suivante, les habitants de Charlecote se couchèrent comme d'ordinaire : les enfants dans une aile du château et tous les serviteurs là-haut dans les combles, sauf Walter, qui,

comme on le sait déjà, dormait au rez-de-chaussée à côté de la porte du placard à argenterie. Chacun avait rejoint sa chambre.

Laura, toujours vigilante, même pendant son sommeil, crut percevoir un petit bruit inhabituel et répété, quelque part, dehors, tout près. Elle se réveilla complètement et écouta. Le bruit ténu, sec et régulier cessa. Elle ne pouvait le situer, mais devinait qu'il n'était pas normal.

Elle sortit de son lit et s'approcha de la fenêtre. D'épais nuages envahissaient le ciel, laissant entrapercevoir parfois la lune, très claire. Mais Laura ne vit rien.

Le bruit s'était interrompu, mais elle entendait maintenant marcher quelque part dans la maison. Y avait-il un voleur à l'extérieur et un autre à l'intérieur ? Dans ce cas elle devait réveiller Tom. Mais comment faire ? Elle ne pouvait pas laisser seule Margaret qui dormait. Elle décida finalement de la réveiller. Elle posa une main sur sa bouche pour l'empêcher de crier et se pencha à son oreille pour la prévenir et lui expliquer la situation.

Les pas s'approchèrent et s'arrêtèrent juste devant leur chambre. La porte s'ouvrit doucement. Margaret, sur le point de crier, tentait de repousser de toutes ses forces la main de Laura lorsque Tom apparut en pyjama.

– Vous êtes réveillées ? demanda-t-il.

– J'ai entendu quelque chose, dit Laura.

– Moi aussi, je crois. Un bruit étrange..., reprit Tom.

– Laura a entendu le voleur marcher dans la maison, intervint Margaret ; mais Laura rectifia impatiemment :

– Non, non, c'était Tom qui marchait.

– Mais comment Tom a-t-il pu être réveillé par ses propres pas ? demanda Margaret, perplexe.

– Il y a quelque chose dehors, tout près, reprit Laura, relevant la tête.

Tom acquiesça, et prit la situation en main.

– C'est à nous d'aller voir. Aucun serviteur n'aura entendu de sa chambre, là-haut. Nous sommes seuls dans cette aile, c'est à nous d'y aller.

– Et Walter ? hasarda Margaret.

Car après tout c'est lui qui avait la charge de garder l'argenterie et la clef de la porte de derrière. Mais Walter était parti se coucher très enrhumé avec un grog chaud. Tenter de le réveiller serait aussi inhumain qu'impossible. Aussi ce fut Hugues – qui dormait presque aussi profondément que Margaret – que Tom réveilla. Puis il alla chercher deux tisonniers et revint vite les rejoindre tous les trois.

– Maintenant, dit-il, nous allons faire le tour de la maison le plus silencieusement possible. C'est le meilleur moyen pour surprendre qui voudrait s'y introduire. Si nous découvrons des voleurs, papa et maman serons contents de nous. Ils attendent ce moment depuis si longtemps. Mais si jamais il n'y en pas, nous serions complètement ridicules si quelqu'un venait à nous voir dehors. C'est la raison pour laquelle il ne faut faire aucun bruit afin de ne réveiller personne. Toi, Meg, ajouta-t-il en lui tendant une bougie, tu iras en tête. Quant à toi, Hugues, tu suivras Margaret avec un tisonnier. Laura, derrière Hugues...

– Avec quelle arme ? demanda vivement Laura.

– Heu... Il vaut peut-être mieux que tu prennes la pelle à charbon de la cheminée. Comme de toute manière tu ne vises pas très bien, tu auras plus de chance de frapper notre homme sur la tête avec ça qu'avec un tisonnier. En revanche, moi je prends le grand tisonnier.

– Je dois vraiment être la première ? demanda Margaret.

– C'est la plus petite et la plus jeune ! dit Laura qui prenait la défense de sa sœur.

– C'est pourquoi le ou les hommes ne te frapperont sans doute pas, répondit Tom, et ça me donnera le temps d'agir. De plus, en file indienne, si je suis le dernier je pourrai voir chacun de vous. Et j'ai le plus long tisonnier.

Laura ouvrit la bouche, prête à critiquer de nouveau ses instructions, mais se ravisa.

– J'ai peur, articula Margaret en frissonnant.

Hugues se renfrognait.

CHAPITRE  ONZE

– Il n'y a pas de quoi avoir peur ! dit Tom d'un ton irrité.

Comprenant qu'il était inutile de vouloir donner un avis différent, Margaret se tut. Elle en tête, ils se mirent tous quatre à la queue leu leu, pieds nus et simplement vêtus de leur vêtements de nuit. Il était possible d'inspecter les pièces et de faire le tour complet du château sans avoir à revenir sur ses pas. C'est ce que Tom proposa.

– Commençons par notre corridor, après on descend le grand escalier, on passe devant le cabinet de travail de papa et devant la petite salle à manger. Après on prend le corridor dallé, et on traverse le grand vestibule pour remonter le vieil escalier vers l'ancienne aile. On passe alors par la porte qui se trouve dans la boiserie, on arrive à la moitié du vieil escalier, on monte aux combles puis on revient par le corridor pour descendre par l'escalier de derrière.

« En marchant doucement on pourra entendre s'il y a quelqu'un dans la grande salle à manger, dans le salon ou dans la bibliothèque. Surtout, à cause des domestiques, ne faites pas de bruit en passant dans les combles. Ashley dit toujours qu'elle dort affreusement mal.

« Si jamais vous entendez une des clochettes d'alarme des portes ou des fenêtres, serrez-vous immédiatement contre moi. Les cambrioleurs vont certainement essayer d'entrer. Je ne serais pas surpris si la clochette de la porte de derrière se mettait bientôt à sonner. Peut-être qu'en ce moment, d'ailleurs, ils essaient d'ouvrir cette porte.

CHAPITRE ONZE

– Pourquoi Jet n'aboie-t-il pas ? demanda Laura. Sa niche est tout près de cette porte.

– Ils l'ont peut-être tué, supposa Tom. Allons-y maintenant. Toi, Meg, fais attention à bien ouvrir doucement les portes avec la main droite et tiens la chandelle dans la main gauche. Et ne va pas trop vite, sinon elle risque de s'éteindre.

Telle une panthère s'approchant de sa proie, ils suivirent silencieusement l'itinéraire de Tom. Tous quatre avançaient, attentifs, prenant mille précautions. Ils arrivèrent ainsi dans le grand vestibule.

Margaret ouvrit la porte. Le grand vestibule s'étendait devant eux, apparemment vide de toute présence humaine d'après ce qu'ils pouvaient en voir à la lumière de la chandelle, et surtout à la lueur de la lune qui filtrait tout en haut des volets. Mais la lune donnait aussi une apparence fantomatique aux armures et aux nobles bustes de marbre ; et les regards des Stanford, dont les portraits étaient alignés sur le mur, semblaient observer les enfants dans une sorte d'attente mystérieuse. On attendait toujours tant des enfants de cette maison !

Ils se tenaient debout, immobiles, saisis de crainte devant

ce spectacle. Soudain, Margaret perdit son sang froid. Elle traversa en courant le vestibule et se précipita sur la porte, de l'autre côté. Les autres la suivirent.

La flamme de la chandelle s'était couchée puis éteinte dès que Margaret s'était mise à courir. Mais cela n'avait pas d'importance : les enfants connaissaient la maison au touché de ses murs, aux craquements des parquets, à l'odeur des pierres, des boiseries, des tapisseries. En quelques minutes, ils furent en haut du vieil escalier. Ils trouvèrent la porte dissimulée dans la boiserie et s'y faufilèrent : ils étaient arrivés à l'étage mansardé où dormaient les serviteurs. Ils passèrent sur la pointe des pieds devant les portes des chambres et continuèrent ainsi jusqu'à la chambre des filles. Leur périple était terminé.

Tom était ravi.

– Nous n'avons réveillé personne, et vous vous êtes très bien comportés. Surtout toi, Meg, alors que tu es la plus jeune et la plus petite. Mais tu n'aurais pas dû laisser s'éteindre la chandelle.

– Mais, j'avais peur, répliqua Meg, têtue.

– Il n'y avait pourtant rien à craindre. On en a la preuve, maintenant. Il n'y a aucun voleur dans la maison.

– Il n'empêche, dit Laura, j'ai quand même entendu quelque chose.

Hugues regarda Tom avec anxiété. Celui-ci répondit :

– Allez Laura, admettons que nous avons tous les deux rêvé.

– Non, j'ai entendu comme des petits grêlons.

– Eh bien voilà : il s'agissait tout simplement d'une averse de grêle.

– Sauf que ça ressemblait plus à quelque chose qu'on aurait lancé, plutôt qu'à quelque chose qui tombait.

Mais pour Tom l'aventure était terminée, et donc il n'y avait plus de mystère. Il ne voulait plus discuter et les envoya tous se coucher ; puis il fit de même.

A nouveau seul dans la chambre des enfants, Hugues, intrigué, se mit à réfléchir. Lorsque Tom était venu le réveiller, ni l'un ni l'autre n'avait regardé par la fenêtre, car tous deux s'étaient empressés de rejoindre Laura et Margaret. Il se souvint qu'en traversant rapidement la chambre, il avait senti sous ses pieds nus quelque chose de désagréable, semblable à de petits cailloux. Il n'avait pas parlé de ce détail à Tom. Lui-même, d'ailleurs, ne s'en était alors pas préoccupé.

Il se mit à explorer le sol avec son pied et, de nouveau, il sentit cette chose. Il y en avait un peu au milieu de la chambre, mais davantage sous la fenêtre. Soudain, sur le rebord éclairé par la lune, Hugh distingua du gravier. Il devait provenir de la cour gravillonnée. Mais comment ces petits cailloux étaient-ils arrivés dans la chambre ? Il n'y en avait certainement pas avant qu'il aille se coucher. La partie haute de la fenêtre avait été laissée entrouverte, pour qu'entre l'air frais. Hugues se souvint alors de ce qu'avait dit Laura. Elle avait parlé d'un bruit bizarre, d'un léger crépitement, comme

si on avait lancé quelque chose. C'était ça : quelqu'un avait lancé du gravier par sa fenêtre pour attirer son attention. Victor !

Sans hésiter une seconde il ouvrit doucement la fenêtre et murmura le prénom de Victor. Il ne pouvait guère que chuchoter à cause des autres. Il réalisa combien ce que Laura avait dit était vrai : Victor était son ami.

Mais Victor avait apparemment disparu. Il avait dû repartir depuis longtemps, découragé sans doute. Hugues quitta sa chambre pour la seconde fois de la nuit et, sans faire de bruit, descendit rapidement vers la porte de derrière. Sachant où Walter cachait la clef – et Walter savait bien qu'ils connaissaient tous la cachette ! –, il la prit, décrocha la clochette d'alarme, déverrouilla la porte, l'ouvrit et sortit. Dans sa niche, Jet leva à peine la tête, se contentant de suivre d'un regard placide ses mouvements.

Hugues chercha quelques traces du passages de Victor. Il ne trouva rien ni personne. Finalement, il se porta à l'endroit d'où, supposait-il, Victor avait lancé du gravier. Il leva la tête, face à la chambre d'enfants. Il distingua à peine la fenêtre car à cet instant de gros nuages cachaient la lune. Quand le ciel fut de nouveau dégagé la lune éclaira toute l'aile du château. Hugues scruta attentivement la surface du mur, de la fenêtre jusqu'au pied de la maison. Il était guidé par la sensation de voir quelque chose d'inhabituel par terre, juste dans son champ de vision. Il baissa les yeux. Là, juste sous la fenêtre de

sa chambre, contre le mur, gisait une espèce de petit ballot, un paquet mal ficelé. On aurait dit un paquet abandonné par quelque facteur, découragé de n'avoir reçu aucune réponse à ses coups de sonnette et aux coups frappés à la porte.

Avant même d'avoir vu l'étiquette, Hugues sut que le paquet lui était destiné. A la lumière de la lune, il vit ses propres initiales H. H. Le paquet était léger. Il semblait ne peser que le poids de son papier d'emballage. Hugues le saisit d'autant plus délicatement, tendrement.

Il l'emporta avec lui, et après avoir soigneusement refermé la porte de derrière, remonta l'escalier. Une fois dans la chambre d'enfants, il alluma une chandelle et commença à défaire le papier chiffonné, feuille après feuille. Dans la dernière il découvrit enfin un œuf, immense, splendide, d'un bleu magnifique légèrement nuancé de vert : l'œuf de héron que Victor avait toujours promis.

Comment Victor était-il finalement parvenu à grimper dans l'arbre pour s'approcher du nid ? Il était impossible de le deviner. Il avait vidé l'œuf avant de l'envelopper et de l'offrir à Hugues, en guise de cadeau d'adieu.

Le lendemain matin, Hugues présenta l'œuf à ses frères et sœurs. Ils s'extasièrent devant sa beauté. Hugues insistait sur sa rareté. Tom fit venir Elsie pour qu'elle le voie, puis ils coururent auprès de Walter prendre des nouvelles de son rhume et lui montrer l'œuf à lui aussi.

Voilà qui expliquait les voleurs, dit Tom. Mais peu impor-

tait car, et quelle qu'en soit la raison, chacun avait agi de façon sensée et brave, la nuit passée. Cela leur servirait dans l'avenir, et c'était là le point essentiel de l'aventure.

Mais Hugues ne cessait de penser à Victor. Il comprenait tristement qu'ils ne se reverraient sans doute jamais. Et de fait, les Tomlin avaient quitté définitivement Charlecote le lendemain même de la visite nocturne de Victor. Les enfants l'apprirent plus tard.

Hugues se souvint souvent de Victor par la suite. Il se demandait ce qu'il devenait, ce qu'il pouvait bien faire à tel moment. « Il va de l'avant », disait toujours Laura. Sa mère aurait dit ces mots avec dédain ; Laura, elle, les prononçaient avec respect.

CHAPITRE DOUZE

JUSQUE-LÀ, SIR ROBERT HATTON N'AVAIT TOUJOURS PAS SATISFAIT SES AMBITIONS. DANS LE COMTÉ, ON NE LE CONSIDÉRAIT GUÈRE QUE COMME le maître, par son mariage, de Charlecote. Sa femme pensait que cela était suffisant mais pas lui. Membre du Parlement ou Représentant de la Couronne dans le comté, c'était quelque chose de ce genre qu'il désirait. Mais pour cela, s'il était nécessaire d'être la bonne personne, encore fallait-il connaître qui pouvait vous être utile.

A l'époque où Lady Hatton était encore une jeune fille, quand l'argent ne faisait pas défaut, s'écoulant aussi facilement qu'une rivière, on donnait de grandioses et splendides réceptions de toutes sortes : de grands déjeuners, des dîners, des garden-parties et des bals. Une des sources d'économie à laquelle Sir Robert était particulièrement attaché consistait à recevoir le plus rarement possible. Mais d'un autre côté, si l'on désire connaître les personnes en vue, il est tout à fait nécessaire de les recevoir.

CHAPITRE DOUZE

On allait donc donner un grand dîner, comme autrefois. Les enfants l'apprirent parce que Laura devait avoir une nouvelle robe. Il n'en n'était pas question pour Margaret, car il était évident qu'elle porterait une vieille robe de Laura, comme d'habitude. La nouvelle robe devait ressembler à l'ancienne, si possible. Le tissu était le même, blanc semé de myosotis. Les deux sœurs avaient toujours été habillées de façon identique, ce qui faisait frémir Laura.

On ne leur avait jamais demandé d'apparaître à un grand dîner auparavant. Tom supposait qu'ils devaient se préparer afin d'être présentés aux invités avant que ces derniers ne passent dans la salle à manger. Il leur faudrait faire la révérence ou saluer en disant : « Comment allez-vous ? ».

Walter leur confirma que c'était bien ce qui était prévu :

– Et n'allez pas vous mettre dans nos jambes ce soir-là, ajouta-t-il avec sévérité, parce qu'on aura du travail par-dessus la tête. Le dîner aura lieu dans la grande salle à manger, cette fois. Il y a déjà douze invités qui ont accepté et Sir Robert sera comme à l'accoutumée… donc restez bien de l'autre côté de la porte capitonnée. Et quoi que vous fassiez, ne fâchez pas Madame Ashley. Vous savez à quel point elle peut devenir violente ! C'est de se tenir toujours debout à ses fourneaux brûlants qui la rend comme ça.

Le jour du dîner était arrivé. Le personnel s'affaira toute la journée à préparer soigneusement la grande réception. Le soir venu, tout le monde était sur les nerfs. Walter, qui était pourtant d'une humeur égale, avait interdit son office aux enfants pendant que lui et Albert, le nouveau valet de pied, astiquaient l'argenterie et polissaient les verres. Ils cherchèrent donc Elsie. Cette dernière, également occupée, était tout excitée et impatiente.

– Oh ! Oui. Je voudrais bien voir Mademoiselle Laura dans sa nouvelle robe, et les dames aussi. Peut-être que j'arriverai à y jeter un coup d'œil, quand elles monteront pour laisser leur manteau. Et Madame la Baronne va porter son diadème n'est-ce pas ? Et tous ses bijoux. Et Sir Robert portera son habit doublé de soie.

– Dieu merci, nous n'avons pas à nous habiller comme ça, dit Tom.

– Mais je vous aime bien dans votre uniforme d'Eton, reprit Elsie. Vous avez l'air d'un vrai petit Monsieur.

– C'est déjà bien suffisant de le porter le dimanche, poursuivit Tom. Ces cols blancs et raides brûlent le cou.

– C'est le prix qu'il faut payer pour être un gentleman, affirma Elsie avec respect.

– Eh bien, j'aimerais que nous ne le soyons pas.

– Et moi, j'aimerais ne pas être une dame, dit Laura. Je déteste porter ces robes ridicules et mal commodes, avec ces fanfreluches, ces nœuds, ces larges ceintures et tout le reste. Je préférerais porter des cols durs.

– Oh ! Vous seriez drôle !

Elsie pouffa de rire, mais s'arrêta devant l'expression de Laura.

– Vous auriez fait un vrai garçon, Mademoiselle Laura.

Laura était celle qui redoutait le plus ce que cette soirée impliquait. Tom, celui qui s'en souciait le moins. Quand l'heure arriva, il revêtit rapidement son uniforme d'Eton et se rendit dans la chambre de ses sœurs. Il trouva Laura allongée sur son lit, noyée dans ses larmes. Elle n'avait pas terminé de mettre sa nouvelle robe blanche.

– Mais qu'est-ce qu'il se passe ?

Elle se leva, le désespoir faisant place à la rage.

– Regarde, mais regarde cette chose hideuse que je dois porter ! Je ressemble à… je ressemble à un énorme pudding aux pruneaux. J'ai l'air d'un bébé. Pourquoi est-ce que je dois m'habiller exactement comme Meg, qui est beaucoup plus jeune ? Je ne peux pas et je ne porterai pas cette robe ! C'est impossible, je ne la porterai pas.

– Alors ne la porte pas, dit Tom calmement.

– Quoi ? mais je vais me faire affreusement gronder !

– Il faut bien que cela t'arrive un jour ou l'autre ; que cela nous arrive un jour ou l'autre.

– Tu as raison.

Elle commença à ôter sa robe, tirant de tous les côtés, dans le méchant espoir de la déchirer.

– Je vais mettre ma vieille robe de serge bleu à la place, dit-elle.

– Moi aussi, je vais faire pareil, ajouta Margaret en faisant mine d'ôter la robe blanche qu'elle venait d'enfiler.

– Non, non, garde-la s'écria Tom, elle te va bien. Et ce ne serait pas juste de t'entraîner là-dedans. Laura est beaucoup plus âgée, c'est presque une grande personne déjà.

C'est alors que Hugues entra, uniquement vêtu de ses sous-vêtements.

– Qu'est-ce qu'il se passe ?

Tom, champion de la cause de Laura, expliqua tout.

– Je suis ravi ! s'exclama Hugues. Oui révoltons-nous ! Je ne me suis pas habillé parce que je ne peux pas fermer mon pantalon ! Impossible ! Je vais donc descendre à la réception ainsi. Et toi, Laura, vas-y comme tu es maintenant. Nous allons divertir les invités et faire honte à papa et maman.

Et ils éclatèrent d'un rire hystérique, Laura en particulier qui lança la maudite robe à travers la pièce et sauta dessus à plusieurs reprises, encouragée par les autres.

Ils étaient trop excités pour avoir remarqué la silhouette d'Hortense à la porte. Lady Hatton l'avait envoyée vérifier que les enfants étaient bientôt prêts à descendre dans le grand salon. Elle se tint immobile, jaugea le spectacle et repartit aussitôt rapporter la scène de rébellion à sa maîtresse.

Et soudain Lady Hatton apparut devant les enfants, impressionnante dans sa longue robe de dentelle noire, les bras nus, étincelante de joyaux dans la lumière déclinante. Un silence froid s'abattit sur eux.

– Pourquoi n'êtes-vous pas habillée, Laura ? demanda leur mère d'une voix sévère ; et vous Hugues ? préparez-vous immédiatement ou j'envoie chercher papa.

CHAPITRE DOUZE

Laura ne cèda pas. Vêtue de ses seuls sous-vêtements, bien campée sur ses pieds, les bras croisés, elle dit :

– Je ne porterai pas cette horrible robe. Je ne veux pas être la risée de tout le monde !

– Vous n'êtes qu'une ingrate ! Alors que j'ai demandé à papa d'acheter ce ravissant tissu et qu'Hortense s'est donné tant de mal à la coudre pour vous !

Elle se tourna vers Tom et le regarda. Il était le fils aîné, l'héritier de Charlecote, son espoir.

– Tom, dites à Laura qu'elle doit se préparer.

Tom était très pâle. Il sentait le regard des autres posé sur lui. Il savait qu'ils attendaient sa réponse. Jusque-là, ses frères et sœurs s'étaient toujours fiés à lui et pourtant, même s'ils ne voulaient pas l'admettre, Tom n'avait pas toujours répondu à leurs espoirs. Laura se rappelait ces occasions en le regardant. Il pouvait le lire dans ses yeux...

– Tom, répéta Lady Hatton, dites à Laura de se préparer.

– Non, maman, je ne lui dirai pas. Laura a vraiment l'air ridicule dans cette robe. Elle a raison. Quant à Hugues, il ne peut pas mettre son pantalon parce qu'il est devenu trop petit.

Lady Hatton chancela :

– Quelle insolence ! Je vais prévenir papa.

Néanmoins, elle essaya de reprendre le contrôle de la situation :

– Votre robe est très convenable Laura, et vous devez la mettre immédiatement.

Laura ne bougea pas. Lady Hatton se tourna vers Hugues :

– Vous n'avez jamais dit que votre pantalon était trop petit. Il allait parfaitement bien le trimestre dernier.

– Non, il n'allait pas, répondit Hugues. La gouvernante du collège vous a écrit à ce sujet. Elle affirmait qu'il me fallait un nouveau costume. Papa m'a répondu en disant que vous aviez décidé que c'était inutile.

Leur mère ne nia point. Elle dit seulement :

– Eh bien, Hugues, vous n'avez qu'à mettre le dernier costume de marin de Tom. Il ne sera pas trop petit pour vous, celui-ci.

Hugues allait répondre qu'il ne le porterait pas, quand Tom, décidé, prit la parole :

– Maman, c'est vous qui nous infligez cette misère, parce que papa est trop avare pour nous acheter des vêtements neufs. Et on dirait que vous êtes d'accord avec lui. Ce n'est pas tout. Nous n'avons pas assez à manger. Et ce n'est pas tout. Nous sommes privés de toutes sortes de choses, simplement pour que papa puisse avoir tous les chevaux qu'il veut et que vous viviez à Charlecote comme grand-père.

– C'est vraiment méchant, méchant à vous de parler ainsi de votre père et de votre mère, Tom, nous qui vous avons élevés dans un endroit merveilleux avec des gouvernantes attitrées, des cours particuliers et de la nourriture saine ! Il n'est pas bon pour les enfants de manger une nourriture trop riche. Et papa dit que vous devez apprendre à ne pas gaspiller l'argent. Et papa garde les chevaux pour que vous puissiez les monter plus tard.

– Mais je ne veux pas de chevaux, affirma Hugues ; je préfère avoir des vêtements qui m'aillent et des bottes qui ne prennent pas l'eau.

– Et maintenant que je suis presque une grande personne, ajouta Laura, je voudrais pouvoir vivre ma vie comme je l'entends. Je ne veux pas être juste une dame, même une très belle dame comme vous. C'est à cause de cela que vous ne m'aimez pas. Et papa ne m'aime pas non plus, et il méprise Meg. Parfois, il se moque de Meg et ce n'est pas juste ! Ce n'est pas de sa faute si elle est comme ça.

Lady Hatton voulut parler mais resta sans voix. Elle n'avait jamais pensé que ses enfants pourraient se dresser ainsi contre elle, et d'une même voix clamer tous les griefs de leur enfance. Elle réussit enfin à articuler :

– J'ai honte d'une conduite si grossière. Papa et moi, nous pensions que c'était un véritable plaisir pour vous de descendre et de voir le grand salon et tous les invités. Je n'organiserai certainement pas cela une autre fois. Maintenant, allez tous vous coucher. Et je ne vous ferai pas monter de salade de fruits, comme je l'avais projeté. Quant à papa, il vous parlera demain matin.

Elle rassembla sa traîne dans une main et sortit majestueusement de la chambre.

Les enfants restèrent silencieux jusqu'à ce que les pas de leur mère se fussent évanouis, puis Laura dit :

– J'ai si peur que, maintenant, papa essaye de nous séparer pendant les vacances.

– Qu'allons-nous faire ? demanda Hugues.

Margaret était sur le point de pleurer.

Ils se tournèrent vers Tom, qui avait été plus courageux qu'aucun d'entre eux n'avait jamais osé l'espérer. Il dit lentement :

– Je ne peux pas m'empêcher de penser que maman est vraiment d'accord avec une bonne partie de ce que nous lui avons dit. Walter a souvent affirmé qu'elle et papa se querellent. C'est toujours à propos d'argent ou à cause de son avarice. Egalement de son avarice envers nous, bien sûr.

Ils réfléchirent aux propos de Tom, et Laura ajouta :

– C'est possible. Moi, je pense que si maman n'avait pas été si fâchée, eh bien, elle aurait pleuré. Elle avait vraiment l'air bouleversée.

Hortense réapparut, confirmant de la façon la plus inattendue la théorie de Tom. Elle apportait un message de leur mère :

– Vous pouvez descendre pour voir la grande salle à manger avec le couvert vermeil et pour voir entrer les invités. Mais vous ne devez pas venir au grand salon, parce qu'il est trop tard. Bien sûr, il faut vous habiller convenablement. Et vous dépêcher. Ils passent à table dans cinq minutes.

Hortense ne put s'empêcher d'ajouter :

– Votre mère est bien bonne, quand on pense combien vous avez été méchants !

Ainsi, leur mère s'était laissé toucher. Laura pensait qu'elle ne dirait rien à papa. Quant à eux, étant donné qu'ils ne devaient plus aller au grand salon où étaient rassemblés les invités, ce qu'ils pouvaient porter était maintenant sans importance. Laura accepta d'enfiler sa robe chiffonnée et Hugues mit le vieux costume de marin de Tom.

Ils descendirent tranquillement le grand escalier et entrèrent dans la salle à manger par la porte des domestiques. La pièce était vide ; sa splendeur les submergea. Les volets des grandes fenêtres avaient été fermés pour la nuit, et les nombreuses bougies du candélabre étaient allumées. Ils virent alors le fameux service de vermeil posé sur la nappe de damas, des plats dorés remplis de raisins, de pêches et d'ananas. Des chocolats et des noisettes garnissaient les petits plats en argent. Au centre de la table trônait le grand motif d'argent, avec ses trois déesses. Tout l'ensemble, avec ses fleurs et ses asparagus, semblait féerique !

Les quatre enfants se taisaient, médusés.

Margaret rompit le silence et murmura :

– On va tous prendre un chocolat !

Ils se mirent d'accord pour en choisir un sur chacun des quatre plats, mais pas plus, pour que Walter n'ait pas d'ennuis. Ils firent cérémonieusement le tour de la table et chaque enfant fit son choix :

– Le mien a une violette, s'extasia Margaret.

– Chut, souffla Tom. Je les entends venir. Vite !

Ils reprirent le même chemin en courant et, doucement, ouvrirent la porte qui donnait sur le grand vestibule. De là, sans être vus, ils purent observer la procession des invités qui, du grand salon, traversaient le vestibule pour se rendre dans la salle à manger.

– Les voici, annonça Tom.

– Comme ils on l'air drôle ! Regardez-les avancer deux par deux en se donnant le bras ! On dirait des petits chiens attachés ensemble.

– Ils sont toujours comme ça.

– Regardez maman avec Lord Pinewood ! Elle lui sourit, comme si de rien n'était. On ne penserait jamais qu'elle a été en colère.

– Et papa est en train de faire du charme à Lady Pinewood.

CHAPITRE DOUZE

– Certainement dans l'espoir qu'elle pourra l'aider. Walter dit que ce sont des libéraux, et papa l'est aussi.

– Il pourrait être plus libéral avec nous, intervint Laura.

En chuchotant, ils commentèrent chaque couple qui pénétrait dans la salle à manger. Puis Albert ferma la porte sur les derniers invités. Le spectacle était terminé.

Ils passèrent alors la porte capitonnée et s'installèrent à leur poste préféré, près de l'escalier de derrière. De là, ils pouvaient intercepter les plats d'Albert lors de ses allées et venues de la cuisine à la salle à manger. Il leur fit un petit compte rendu de la conversation du dîner et donna à chacun la moitié d'une sole grillée prise sur les restes du plat de poisson. Après l'avoir mangée, ils quittèrent leur poste d'observation, pour se mettre au lit.

La soirée s'était finalement beaucoup mieux déroulée que les enfants n'avaient pu l'espérer.

Beaucoup plus tard dans la nuit, Sir Robert pensait également avec satisfaction à la soirée qui venait de se terminer :

– On peut dire que c'était une réussite, Linda. J'ai dit à Pinewood que j'espérais me présenter en tant que candidat libéral à la prochaine élection générale. Il a été très encourageant. Vraiment. Disant qu'il était content de voir que des hommes de mon âge et de ma compétence veuillent bien servir leur pays. « Votre intelligence et votre énergie », voilà les mots exacts qu'il a prononcés. Mais il semblait déçu que les enfants ne soient pas venus. Il a dit de Laura qu'elle était devenue très jolie en grandissant, oui, il a dit cela. Il a un fils qui a six ans de plus qu'elle.

– Vous voulez dire qu'il a des vues sur elle pour son fils? demanda Lady Hatton. Je crois que vous avez raison. Mais évidemment, c'est un parvenu. Il n'est pas des nôtres. Son père est parti de rien.

– Vous oubliez que c'est aussi le cas de mon père, dit Sir Robert.

Lady Hatton ne répondit pas. Mais c'était une chose qu'elle ne pourrait jamais oublier.

– De toutes les manières, cela ne compte plus aujourd'hui, reprit sir Robert.. Et les Pinewood peuvent m'être très utiles en politique. Mais pourquoi les enfants ne sont-ils pas venus au grand salon avant le dîner? Pour une fois, ils auraient pu être un atout et je croyais que tout était organisé?

Lady Hatton se leva.

– J'ai eu honte de leurs habits et j'ai eu peur que cela rejaillisse sur vous.

A ces mots sir Robert s'exclama:

– Peut-être, maintenant, comprendrez-vous pourquoi je vous ai dit l'autre jour qu'il était essentiel de vendre un bien de Charlecote, afin d'avoir davantage d'argent disponible. Si vous n'aviez pas si obstinément refusé mon avis, vous auriez eu les disponibilités nécessaires pour acheter aux enfants ce qu'il leur fallait. Si toutefois ces achats se justifiaient. J'espère que ce sera une leçon pour vous.

La conversation s'acheva sur ces mots, et ils s'apprêtèrent pour la nuit.

IL Y AVAIT DES JOURS OÙ CHARLECOTE EFFRAYAIT LAURA. ELLE S'Y SENTAIT PRISE COMME DANS UN FILET, le filet de soie d'une conspiration mortelle. Comme si cela était le résultat de leur attitude lors de la soirée mémorable du grand dîner. Leur mère n'y avait jamais fait allusion, et, à l'évidence, elle n'avait jamais dit le moindre mot de leur révolte à leur père. Pourtant, à cette occasion, les enfants s'étaient enfin affirmés et chacun d'eux se sentait différent; sauf, bien sûr, Margaret. Plus jamais ils ne seraient les mêmes. Le bouleversement était trop profond.

La volonté de leur mère de leur faire porter des vêtements trop jeunes, d'habiller Laura comme Margaret, par exemple, faisait partie de cette conspiration. Elle ne voulait pas qu'ils grandissent, qu'ils quittent l'univers de l'enfance où l'on pouvait mieux les manier. Elle s'opposait au changement. Même Charlecote sembalit complice en ne changeant qu'imperceptiblement. Dans le parc, le citronnier s'était élargi de quelques centimètres, le chêne presque d'autant et personne ne remarquait leur croissance. A l'intérieur du château, les tentures de chintz s'affadissaient lentement, les tapis de l'escalier vieillissaient d'une discrète usure. Les horloges faisaient leur tic-tac et les gens allaient et venaient, les mêmes personnes, la plupart du temps dans les mêmes tenues.

Ernest était parti pour un autre emploi, mais sa place et sa livrée avaient été reprises par Albert. Elsie avait voulu partir en même temps qu'Ernest, mais comme on lui avait proposé une augmentation de six livres annuelles elle avait décidé de rester. Et le moment venu, elle avait succédé à Madame Ashley comme cuisinière. Walter Mark était toujours là. Alice, la gouvernante de la maison également, ainsi que William Kemble, Dan Power, Phillips, et jusqu'à l'homme à tout faire qui venait fouiller la poubelle. En fait, cet homme était mort; mais celui qui le remplaçait lui ressemblait tant d'allure et de manières, qu'on en avait oublié le changement.

Même si on se gardait bien de le leur dire, les enfants savaient qu'ils grandissaient; les souvenirs qui semblaient s'accumuler derrière eux le prouvaient. Souvent, quand ils étaient ensemble, ils commençaient leurs phrases par: « Vous vous rappelez... »

Un jour, Tom qui était maintenant en dernière année de collège et se préparait à partir pour Sandhurst*, demanda:

* Ancien collège royal militaire.

CHAPITRE TREIZE

– Vous vous rappelez notre cabane, dans l'arbre ?

Tous ensemble partirent se promener sur les pelouses du parc. Arrivé sous le cèdre du Liban, Tom s'exclama :

– Regardez, c'est la corde que nous utilisions. Elle est encore bonne. Meg, toi tu détestais grimper avec.

– Oh oui ! j'avais tellement peur de tomber.

Ils levèrent tous la tête vers les hautes branches. Une sensation de vertige s'empara d'eux. Laura ne put s'empêcher de remarquer que ce qu'ils avaient fait à l'époque était dangereux. Hugues approuva en précisant :

– Mais nous avions de l'entraînement, alors.

– Sottise ! dit Tom, incapable de résister au moindre défi.

A l'aide de la corde, il s'élança sur la première branche et commença à grimper. Il parvint au niveau où ils avaient construit leur plate-forme et même ébauché des murs tout autour ; la cabane était bien abîmée. Il ne s'arrêta pas là, mais continua de

grimper, tandis que les trois autres tendaient le cou pour l'observer. Il atteignit le sommet de l'arbre haut de dix-huit mètres. Là, il s'assit sur la plus haute branche, agitant la main gauche et se cramponnant fermement de la droite.

– Descends Tom, implora craintivement Margaret.

Elle n'avait pas fini sa phrase qu'on entendit un craquement brusque, et la branche sur laquelle Tom était assis céda. Ils virent dans le même temps la branche se casser et Tom se laisser tomber, avec une agilité diabolique, sur la branche inférieure puis poursuivre sa descente comme si telle avait toujours été son intention.

Mais cette assurance disparut quand il toucha terre et qu'il vit les visages livides de Laura et de Hugues, et celui inondé de larmes de Margaret.

– Je n'ai pas fait exprès. Je suis désolé, Meg, murmura-t-il.

En guise de réponse, elle l'étreignit.

– Tu aurais pu te tuer, dit Laura.

– Elle a raison, tu sais, ajouta Hugues.

– Je ne comprends pas pourquoi cette branche s'est cassée, dit Tom. Autrefois, quand nous étions petits, nous grimpions souvent jusque-là ; très souvent même.

– Oui, mais tu pèses le double maintenant, remarqua Hugues.

– Et cette branche s'est sans doute affaiblie avec le temps, le vent et les intempéries, dit Laura. Quoique visiblement, elle ne semblait pas avoir changé. Il s'agit encore de la conspiration de Charlecote.

CHAPITRE TREIZE

Cela se passait pendant les vacances de Pâques de l'année 1914. Tom devait quitter le collège pour Sandhurst et l'armée; Hugues son collège naval d'Osborne pour devenir cadet naval à Darmouth. C'était aussi l'année où Laura en aurait enfin bel et bien terminé avec la salle d'étude et avec Fräulein Schmidt. Cette liberté l'aurait davantage enthousiasmée si toutefois une occupation intéressante s'était présentée à la place. Walter lui avait assuré un jour qu'elle aurait sa chance; mais elle n'en voyait pas les prémices.

Laura et Margaret avaient assisté au départ de Fräulein Schmidt installée dans le cabriolet qui la conduisait à la gare. Elles attendaient également dans l'après-midi Tom et Hugues de retour de leurs collèges pour les vacances d'été. Quand le cabriolet eut enfin disparu, Margaret annonça d'un air sombre:

– Maman m'a dit qu'elle reviendrait d'Allemagne en septembre, et que je prendrai mes leçons toute seule avec elle, sans toi.

– Peut-être qu'elle ne reviendra pas. Walter pense qu'il va y avoir une guerre avec l'Allemagne, si ça continue. C'est ce qu'il dit.

– C'est vrai?

Le visage de Margaret s'était illuminé et, à la pensée de l'après-midi qui s'annonçait, elle s'égaya de nouveau.

A cet instant Dan Power apparut, sortant du bois. Otant sa casquette il les salua d'un sourire en lançant à chacune d'elle:

– Belle journée, Mademoiselle.

CHAPITRE TREIZE

– Oh ! Dan ! s'écria Margaret. On va de nouveau se revoir au petit matin, maintenant que Tom et Hugues sont de retour. Nous pourrons encore chercher de œufs le long de la rivière. Vous savez où il y en a ?

– Ça se pourrait bien, Mademoiselle. Mais je crois que les jeunes Messieurs, maintenant, iront plutôt à la chasse. Sir Robert m'a dit de les emmener chasser au furet et tirer les bêtes nuisibles.

Il rit et tapa du pied, signe qu'il était content.

– J'ai dit à Sir Robert que Monsieur Tom pouvait maintenant utiliser mon petit fusil de calibre douze, et que Monsieur Hugues pouvait passer au calibre seize à canon simple. Il a simplement répondu : « Oui, Dan, mais ne les laissez pas gaspiller les cartouches. »

– Je n'aime pas la chasse, déclara Margaret, désappointée. Je n'aime ni les coups de feu ni les cadavres.

Dan reprit avec entrain :

– Il faut bien supprimer les animaux nuisibles, Mademoiselle.

Et il s'éloigna à grands pas, son fusil de chasse sous le bras et son chien d'arrêt noir sur les talons.

Quand il fut parti, Laura dit à Margaret :

– Je te l'avais dit, Meg. Maintenant Tom et Hugues sont grands. Ils ne voudront plus faire des jeux de bébé comme explorer les berges de la rivière. Je voudrais les emmener à cheval. La chasse au renard va commencer et William dit qu'il faut entraîner les chevaux.

– Oh ! fit Margaret. Laura, tu te souviens de la fois où l'on a mauradé dans le verger ? On s'était régalés d'abricots et de pêches. C'était Tom qui nous avait emmenés. Il le fera encore, n'est-ce pas ?

– Non, affirma Laura, mettant ainsi un point final à la conversation.

L'après-midi, elles s'installèrent dans la chambre d'enfants pour assister à l'événement historique qu'était l'arrivée, de la gare, de Tom et Hugues en automobile. Cette automobile était une récente innovation de Sir Robert. La grève des chemins de fer de 1911 l'avait alarmé. Craignant qu'elle ne se renouvelle un jour, ce qui pourrait lui faire manquer une importante réunion politique, il avait donc fini par acheter une automobile dans laquelle, au début, aucun enfant n'avait eu le droit de monter.

Les vacances avaient toujours commencé par le bruit du coupé ou de l'omnibus attelé cahotant le long de l'allée. De la fenêtre de la chambre d'enfants, les filles avaient guetté maintes fois ce bruit. Quand les journées étaient très calmes, on pouvait l'entendre de loin, avec, comme point d'orgue, le vacarme de tonnerre que faisait le cheval en passant sous l'arche des écuries. A présent les pneus en caoutchouc de l'automobile étouffaient presque tous les bruits.

– Ecoute ! s'exclama Laura. N'entends-tu pas quelque chose maintenant ?

Et en effet, quelques secondes plus tard, William Kemble, au volant de la voiture, apparut de l'autre côté de l'arche en cornant.

L'automobile s'arrêta. Hugues sortit dans son uniforme naval, puis Tom, maintenant presque aussi grand que William Kemble. A leur vue, Margaret voulut aussitôt dévaler l'escalier vers la porte de derrière pour les accueillir. Laura la retint.

– Je pense qu'ils iront d'abord voir maman et papa. Ne nous mêlons pas à eux, cela gâcherait nos retrouvailles. Allons plutôt les attendre en haut de l'escalier.

C'est avec calme qu'elles attendirent, tant était proche le moment où ils allaient se retrouver. Tom et Hugues apparurent enfin. Ils s'embrassèrent tous et s'étreignirent les uns les autres, riant de joie. Puis, dès qu'ils le purent, ils rendirent visite ensemble à leurs vieux amis – Walter, Elsie, Dan Power et les autres – et finirent par aller voir leurs anciens repaires. Aux portes du parc ils formulèrent leurs vœux, comme ils l'avaient toujours fait.

Ce soir-là, après une heure de pêche, ils traversaient la cour des écuries, quand ils entendirent le gong, indiquant aux trois aînés qu'ils devaient se préparer pour le dîner. Walter, les sachant dehors, avait ouvert la porte capitonnée afin d'être bien entendu.

CHAPITRE TREIZE

Ils se changèrent rapidement, puis rejoignirent dans la salle d'étude Margaret qui mangeait son pain et buvait son lait.

– Je préférerais être à ta place, Meg, dit Laura. C'est beaucoup plus agréable que de dîner avec maman et papa et de s'entendre dire : « Redressez-vous » ou « Est-ce que ce sont là des façons de se tenir ? », ou encore « Les demoiselles ne font pas cela... » etc. etc.

– Mais vous, vous avez du poulet, des fruits et de la crème, contesta Margaret.

– Cela n'en vaut pas la peine.

– Surtout au début des vacances, ajouta Hugues. Et puis papa nous questionne toujours, Tom et moi, sur nos dépenses, et nous demande comment nous avons pu faire pour dépenser tant d'argent le trimestre passé.

– A moins qu'on arrive à le mettre de bonne humeur, dit Tom. Ce qu'il faut lui raconter, c'est : « J'ai entendu dire quel bon propriétaire terrien vous êtes ! » ou « Personne ne peut monter Luciole comme vous. »

– C'est encore mieux quand on nomme la personne qui l'a dit, ajouta Laura. Je cite toujours William. Cela lui plaît.

Le second coup de gong retentit et les trois aînés sortirent dans le couloir l'un derrière l'autre. Ils franchirent la porte en direction du grand escalier et rejoignirent ainsi la petite salle à manger de leurs parents.

CHAPITRE TREIZE

Pendant le dîner, on parla surtout de politique locale, de société et d'économie. Sir Robert menait la conversation. Lady Hatton réussissait de temps à autre à changer de sujet, par quelque brève remarque du genre :

– Robert, la pauvre Madame Bernes est très malade. Laura, rappelez-moi demain de lui faire apporter du potage.

Ou encore :

– Power m'a dit que les perdrix seront très belles cette année.

Une fois le dîner terminé, Lady Hatton et Laura quittèrent la salle à manger, et Walter versa un verre de Porto à Sir Robert et un demi-verre à Tom et à Hugues. Puis Walter et Albert sortirent à leur tour.

Quand la porte fut refermée, Sir Robert dit :

– Maintenant il faut le savourer doucement, à petites gorgées.

Il se mit ensuite à parler de ses problèmes.

Cependant, la petite dose de Porto commençait à réchauffer Hugues et à lui donner du courage. Profitant d'un instant de silence, il demanda :

– Pensez-vous, papa, qu'il va y avoir la guerre contre l'Allemagne ?

Sir Robert regarda Hugues avec surprise et répondit :

– Très bonne question, mon garçon.

Hugues se sentit rougir, mais son père ne le remarqua pas. En fait la remarque qu'il venait de faire à Hugues lui permettait de se poser à lui, Sir Robert, une très bonne question : « Désirait-il une guerre ? »

Il regarda le plafond et but une petite gorgée de Porto :

– Oui, je pense que la guerre peut survenir ; mais pas si le gouvernement se met réellement à évaluer le coût des dépenses que cela entraînerait. Si guerre il y a, je n'aurais plus aucune chance de me présenter au Parlement, aux prochaines élections.

Il se renfrogna, car il avait dû différer ses ambitions politiques depuis un certain temps.

– Et si la guerre est déclarée, poursuivit-il, il nous faudra sûrement quitter Charlecote. Il ne sera plus possible de vivre ici.

A cet instant, il esquissa un sourire qu'il réprima aussitôt. Le libérer enfin de Charlecote, ce cadeau empoisonné, pourrait être la chance de sa vie.

– De toutes les manières, s'il y a la guerre notre marine est meilleure que toutes les marines réunies, dit Hugues.

– Je ne pense pas qu'il y aura la guerre, intervint Tom, d'un ton amer.

Ne rêvait-il pas d'être un jour soldat ?

CHAPITRE TREIZE

Plus tard, ce soir-là, les deux garçons parlèrent à nouveau de ce sujet. Ils avaient retrouvé leurs sœurs à l'étage. Laura observa :

– Maman dit que le roi est apparenté au Kaiser. Il ne peut donc pas y avoir de guerre.

– Je ne suis pas sûr que cela ait une grande importance, répliqua Hugues, d'un air de doute.

– S'il y a la guerre, reprit Laura, j'irai soigner les blessés.

Cette idée venait de lui traverser l'esprit, et allait s'ancrer en elle.

– Oh ! Tu veux dire rejoindre la Croix Rouge ? demanda Tom. Bonne idée Laura, j'ai toujours pensé que les dames aimaient passer leur temps auprès des officiers.

– Tu te trompes ! répondit Laura, si violemment que Tom en fut déconcerté. Non ! Je veux apprendre comme il faut le métier d'infirmière. Je ne veux pas être la jeune fille de bonne famille qui joue à être infirmière.

Elle comprit soudain que si la guerre survenait, c'était une chance qui s'offrait enfin à elle qu'elle devait absolument saisir.

Margaret, qui était restée éveillée pour jouir de leur compagnie, leur demanda :

– Parlons de choses plus gaies, pas de la guerre.

– Bien, dit Tom. Parlons de quelque chose qui plaise à Meg.

– Des choses que nous avions l'habitude de faire par exemple, dit Meg avec empressement. Vous vous rappelez quand…

Et une fois de plus, ils jouèrent à ce nouveau jeu.

– Vous vous rappelez quand… ?

CHAPITRE QUATORZE

LE MATIN DU 5 AOÛT, LAURA ET HUGUES SE RÉVEILLERENT TÔT. ALLONGÉE SUR SON LIT, LAURA, PARCOURAIT la chambre du regard. Elle avait toujours dormi ici depuis que, petite fille, elle avait quitté la chambre d'enfants. Rien n'avait changé. Le papier peint, le tapis, les rideaux, le mobilier étaient toujours les mêmes. Au fil des années d'autres éléments s'étaient ajoutés, tel le lit de Margaret, et Margaret elle-même. Durant presque toute sa vie, elle avait partagée une chambre avec Margaret.

Sur la coiffeuse était posé le miroir à main en ébène qu'on lui avait offert quand elle était plus jeune. Cela faisait des années qu'elle avait brisé ce miroir, et il était resté tel quel depuis. Ses yeux s'attardèrent sur lui, puis se fermèrent complètement. Son visage s'immobilisa. Elle voulait se rendormir. Elle y parvint, comme elle parvenait à faire la plupart des choses anodines qu'elle décidait de faire.

CHAPITRE QUATORZE

Quand Hugues se réveilla, il regarda autour de lui, heureux de retrouver son univers. Pourtant il était en proie à un pressentiment qu'il ne pouvait pas bien définir. Les objets familiers de la chambre d'enfants le rassurèrent : le cheval à bascule, le chat blanc, le perroquet vert, la petite fille qui ressemblait à la pauvre Evie Tomlin – et que pouvait bien faire Victor, en ce moment ? – , le joueur de cricket barbu. Il les avait tous déjà regardés des milliers de fois auparavant. Il les avait quittés pour le collège, puis il était revenu. Il était ensuite reparti pour Osborne, était de nouveau rentré, et maintenant il irait à Darmouth. Il n'y avait pas si longtemps, il pensait qu'il détesterait entrer dans la marine parce qu'il s'agissait avant tout de la décision de ses parents. Puis, il avait commencé à comprendre qu'une carrière navale signifierait la liberté, plus tôt même que pour Tom. A seize ans, il pourrait déjà naviguer en haute mer comme enseigne de vaisseau. Il aurait fait le tour du monde en un rien de temps, et ensuite il reviendrait ici, naturellement.

Mais, pour l'instant, ce qui le préoccupait lui revint à l'esprit : bien sûr, il s'agissait de la garden-party de la semaine prochaine. Il leur faudrait tous s'habiller – Laura avec une tenue beaucoup mieux adaptée qu'autrefois. C'était là sa victoire contre sa mère. Tom et lui devaient porter des pantalons de flanelle blancs : on pouvait avoir besoin d'eux pour compléter un set de tennis. Quelle guigne !

Et en septembre il y aurait la partie de chasse ; mais Hugues savait qu'on le trouverait trop jeune pour y prendre part. Il était assez vieux pour une garden-party, mais trop jeune pour une partie de chasse. Ce n'était vraiment pas de chance !

Pour se réconforter, il décida de rendre visite à Walter, en bas. Les journaux avaient dû arriver. Tous les deux pourraient lire les informations concernant le cricket. Il décida de ne pas réveiller les autres. Il aurait ainsi Walter pour lui tout seul.

Sur la pointe des pieds, il traversa le corridor et descendit l'escalier de service, comme il l'avait fait si souvent auparavant. Il se dirigea vers l'office. Il arriva si doucement qu'il surprit Walter. Celui-ci était plongé dans la lecture du journal, qu'il avait déjà déplié pour Sir Robert.

– Bonjour, lança Hugues. Cricket ?

Walter avait sursauté.

– Non. Regardez.

En gros caractères noirs, une phrase était imprimée :

LA GUERRE EST DÉCLARÉE !

Hugues lut ces mots. Il frissonna, pâlit et fut pris de vertige. Il s'assit sur une chaise. La fin du monde était arrivée. Puis il se pencha et agrippa le bras de Walter.

– Et papa ?

– Il ne sait pas encore. Je ne suis pas encore allé le voir. J'allais y aller dans une dizaine de minutes, avec ce pot d'eau chaude.

– Non, laissez, dit Hugues. Je vais aller réveiller les autres et nous allons lui apprendre la nouvelle.

Walter toussota et se gratta le crâne :

– Je crois que je ferais mieux de le voir avant.

CHAPITRE QUATORZE

– Non, répéta Hugues. C'est à nous de le faire.

– Et le cricket ?

– Aucune importance, répondit Hugues avec mépris.

C'était la première fois qu'il dédaignait le cricket.

Il réveilla Tom, Laura et Margaret et leur appris la nouvelle. Tous comprirent aussitôt qu'ils devaient eux-mêmes prévenir leurs parents.

Tom suggéra :

– Peut-être que papa rejoindra son vieux régiment de cavalerie dans le Yorkshire.

– Oh ! tu crois. Tu crois ? s'écria Margaret.

Elle imaginait Charlecote sans son père, et cette perspective lui semblait un jour de vacances sans fin.

Hugues secoua la tête d'un air de doute.

– Il dit toujours que son travail au conseil du Comité est très important. Et puis il y a l'armée de terre aussi. Et je ne crois pas qu'il laisserait maman seule ici, à Charlecote. Il aurait trop peur qu'elle se distraie et qu'elle reçoive ses amis d'autrefois.

– Mais il aime le Yorkshire et déteste Charlecote...

– Je crois qu'il y a une chose déterminante, dit Laura. C'est que, dans la cavalerie, il n'est que second lieutenant. Il ne supporterait pas d'être sous les ordres de qui ce soit.

En parlant ainsi tout bas, ils avaient atteint la porte de la chambre de leurs parents.

– C'est toi qui frappes, dit Tom à Laura.

Elle s'exécuta et ils entendirent leur mère répondre :

– Entrez, Hortense.

Ils entrèrent et embrassèrent chacun à leur tour leurs parents. Ils saluèrent d'abord leur père, puis leur mère.

– Bonjour papa, bonjour maman.

A leur entrée, surpris, Sir Robert s'était assis tout droit dans le lit à baldaquin. Il demanda :

– Que signifie ceci ? Et pourquoi personne n'est-il venu ?

Il tendit le bras pour tirer sur le cordon rouge de la cloche qui retentit loin, tout là-bas, à l'intention de Walter.

– Et quelle heure est-il ?

– Presque sept heures, répondit Laura.

Ses yeux brillaient et elle affirmait une autorité qu'aucun de ses frères et sœur n'auraient remise en cause.

– Nous pensions que vous auriez aimé savoir que la guerre avait été déclarée, ajouta-t-elle.

Sir Robert ne répondit rien. Il tira à nouveau le cordon, plus brutalement cette fois. Pendant ce temps, Lady Hatton avait attiré ses deux filles de l'autre côté du grand lit, et les embrassait en s'exclamant :

– C'est horrible ! Qu'allons-nous faire sans papa ?

CHAPITRE QUATORZE

A ces mots, Sir Robert sauta hors du lit et resta debout, pieds nus, frissonnant dans sa chemise de nuit.

– Va-t-on vous rappeler dans votre ancien régiment ? demanda Laura.

– Non !

Ses yeux jetaient des éclairs.

– Quelle suggestion ridicule ! Mon vrai devoir est ici ! ici !

Presque au même moment, on frappa à la porte du cabinet de toilette de Sir Robert – ce devait être Walter –, et à la porte par laquelle les enfants étaient entrés. Toute pâle, Hortense entra. Elle mesura la scène du regard et posa le pot d'eau chaude pour sa maîtresse. Elle ouvrit violemment les rideaux, puis sortit en claquant la porte derrière elle. Hortense avait entendu les nouvelles : la France, son pays, était en danger. Elle se sentait particulièrement concernée.

Pendant ce temps, à l'autre porte, Sir Robert donnait à Walter une quantité d'ordres. Le petit déjeuner et les prières, tout cela était remis à plus tard. William Kemble devait attendre avec l'automobile prête, à onze heures pile, devant le château. Sir Robert devait se rendre à l'hôtel de ville à Honeford.

– Oui, Sir Robert, répétait inlassablement la voix de Walter.

Quand il fut parti, Lady Hatton lui dit :

– Vous avez raison mon cher. Nous ne devons pas nous affoler, il faut montrer l'exemple au personnel. Tout doit continuer comme avant. Maintenant dépêchez-vous, les enfants, et prenez votre petit déjeuner comme d'habitude dans la salle d'étude.

Rien ne semblait devoir changer. Mais le jour même, Hortense fit sa malle, donna son congé et retourna en France. Il s'ensuivit quelques bouleversements : comment ferait maman sans femme de chambre ? Comment pourrait-elle se coiffer ? s'habiller ? Laura et Margaret allaient être également privées des services de la domestique, mais toutes deux s'en réjouissaient. On s'organisa pour qu'Alice, la gouvernante, puisse apporter son aide.

La garden-party fut maintenue, et le jour venu, tout paraissait comme à l'ordinaire. Exceptée Hortense, personne d'autre n'était parti ou s'était engagé, même au village. Il faisait beau, un temps ensoleillé et sans nuages. Seuls les échos de la guerre assombrissaient cette journée.

Dès dix heures, ce jour-là, Elsie avait terminé tous les gâteaux. Pendant ce temps, le court de tennis et le gazon du croquet avaient été marqués avec de la chaux. On avait aussi sorti les chaises de jardin. Cependant, plus tard dans la matinée, Laura remarqua dans la cour des écuries un poney et une charrette qu'elle n'avait jamais vus auparavant. Elle alla se renseigner, intriguée, et rencontra un des valets d'écurie.

– Un homme est venu prendre tous nos chevaux pour l'armée, expliqua-t-il, tout essoufflé. C'était un officier de l'Intendance. Monsieur Kemble dit qu'il faut prévenir Sir Robert tout de suite. Monsieur Kemble a dit à cet homme qu'il ne pouvait pas se rendre auprès des chevaux avant que Sir Robert arrive, mais il lui a répondu : « Je vais jeter un œil avant, et lui, je le verrai après ».

Laura fit demi-tour et revint en courant dans le cabinet de travail de son père. Il aboya :

– N'entrez pas comme ça, Laura ! Sortez et frappez à la porte.

– C'est trop urgent, répondit Laura en lui parlant aussitôt de l'officier de l'Intendance.

Sir Robert bondit. Il quitta la pièce et tira le cordon de la sonnette. Avant qu'il ait atteint la porte capitonnée, Walter était là.

– Mon chapeau et ma cravache.

– Bien, Monsieur.

Chapeau et cravache lui furent tendus de la table du vestibule, tandis qu'il se rendait dans la cour des écuries.

Laura apprit à Walter ce qui se passait.

– Il est peut-être parti se battre contre l'armée ! suggéra Walter avec humour.

– J'espère bien, répliqua Laura sérieusement. Quelle audace ! On n'a jamais vu ça : prendre les chevaux d'autrui !

Walter la regarda attentivement. Il pensait que parfois elle ressemblait beaucoup à son père, mais elle aurait été furieuse de l'apprendre. Il pensait également qu'avec les nouvelles de la guerre, il n'était guère étonnant que l'armée réquisitionne les chevaux qui manquaient cruellement. Il se contenta de dire :

– Ah...

Sir Robert dut finalement laisser partir les chevaux.

En entendant leur nom : Ménestrel, Lisette la Noire, Petit Matin, Voie Royale, Laura poussa de grands cris.

– Les deux meilleurs chevaux de chasse et d'attelage !

Ils devaient servir de monture à des officiers et traîner de l'artillerie. William Kemble était presque en larmes.

Le jour de la garden-party commençait mal. L'après-midi, il ne vint que la moitié des attelages. Peu d'entre eux, d'ailleurs, étaient tirés par plus d'un cheval. Cependant, une Rolls-Royce amenant Lord et Lady Pinewood ainsi que leur fils, sous-officier de la garde des grenadiers, arriva. Sir Robert espérait beaucoup de leur venue.

La plus grande partie de l'après-midi, Margaret renvoya des balles sur le gazon. Tom et Hugues jouèrent deux sets de tennis et Laura et John Pinewood furent partenaires dans une partie de croquet. La partie terminée, le jeune homme lui dit :

– Je n'ai jamais vu votre jardin du nord.

Ce à quoi Laura répondit :

– Je vais vous le montrer.

Ils se promenèrent à travers un labyrinthe d'arbustes et de haies d'ifs taillés. Ils marchèrent silencieusement jusqu'à ce que John Pinewood demande :

– Qu'est-ce que c'est, Mademoiselle Hatton ?

– Une tranchée que nous avons creusée nous-mêmes.

– Comme elle est profonde !

– Oui, assez pour qu'on puisse s'y cacher, reprit Laura.

Elle s'anima un peu en racontant l'histoire :

– Nous avions l'habitude de cuire ici des œufs, de poule d'eau entre autres.

Il sourit et elle continua :

– Nous venions ici très tôt le matin, ou lorsque maman et papa étaient partis.

– Pourquoi seulement à ces moments ?

– Nous aurions pu avoir des ennuis sinon.

– Mais pour quelles raisons ?

Sans lui répondre directement, Laura dit, impulsivement :

– Ils ont toujours voulu que je devienne une dame en grandissant et que j'épouse un garçon choisi par eux et non par moi. Je ne veux pas me marier, du moins pas tout de suite, pas avant d'avoir réalisé quelque chose.

En parlant, elle regardait John Pinewood et leur yeux se rencontrèrent. Ceux de Laura étaient pleins de défi, mais il lui sourit à nouveau et dit :

– Mademoiselle Hatton, vous êtes très belle. Vous pourrez épouser qui vous voudrez.

Il tendit la main pour saisir la sienne, mais Laura dissimula prestement ses mains dans son dos. Il se détourna, faisant mine de n'avoir rien remarqué, puis ils prirent lentement le chemin du retour.

Laura s'était adouci, laissant réapparaître ses mains. Elle lui demanda :

– Quand irez-vous en France ?

– A tout moment, maintenant. J'ai une permission de quarante-huit heures, et je suis revenu à la maison pour saluer mère et père. Mère dit que vous viendriez peut-être soigner les blessés à la maison. C'est devenu une maison de convalescence pour les officiers, vous savez. Ma mère et la vôtre sont entièrement dévouées à la Croix Rouge.

– Je ne veux pas être infirmière de la Croix Rouge dans une maison de convalescence pour officiers, répliqua Laura.

Tom et Hugues arrivaient à leur rencontre. Tom annonça joyeusement :

– John, votre père m'a parlé. Il dit que la guerre pourrait s'achever dans quelques mois, et qu'il peut m'obtenir immédiatement un brevet d'officier sans qu'il soit nécessaire que j'aille à Sandhurst sinon je pourrais manquer le combat.

– Cela vous épargnerait certainement beaucoup de temps et

de peine, dit John, et vous pourriez prolonger votre engagement après la guerre.

Le visage de Tom s'illuminait alors qu'ils revenaient vers les pelouses. Elles étaient presque désertes, la partie était terminée. Les invités saluaient Sir Robert et Lady Hatton devant le château, et se préparaient à monter dans leur cabriolet ou dans leur coupé. Walter annonçait respectueusement leur nom de sa voix profonde et puissante. Plus loin, William Kemble organisait l'arrivée des attelages, un par un, devant la porte d'entrée.

Le dernier attelage parti, on ferma les grilles du parc. Un grand silence enveloppa à nouveau le château de Charlecote. Il semblait s'enfoncer progressivement dans le sommeil, tandis que le soleil disparaissait à l'horizon. Le roucoulement des pigeons et les chants des oiseaux cessèrent également. On n'entendit plus que le doux murmure continu de la rivière. Il était difficile d'imaginer que le monde extérieur n'était pas en paix, lui aussi.

En septembre, Hugues fut autorisé pour la première fois à prendre part à la chasse. En compagnie des chasseurs plus âgés et des rabatteurs il tira des perdrix. Il devait sa présence au fait que la plupart des invités avait refusé de venir.

Ce matin-là, très tôt, flottait une brume épaisse que transperça le soleil vers le milieu de la matinée. Le temps promettait d'être chaud.

– Surtout marchez d'un bon pas, ouvrez bien l'œil et ne tirez

pas trop vite. Par une telle chaleur, les perdrix s'envolent comme un rien, conseilla Dan.

A l'heure du déjeuner, le tableau de chasse comportait quatorze paires de perdrix, dont la moitié avait été tirée par Hugues, neuf lièvres et sept lapins. Tom et Hugues comptèrent les dépouilles alignées et reçurent les compliments de Dan. La matinée avait été bonne grâce à Monsieur Tom et à Monsieur Hugues. Ils avaient mieux tiré que tous ces Messieurs y compris Sir Robert.

Lady Hatton, Laura et Margaret accueillirent les invités à déjeuner dans le salon du cottage de Dan. Cette pièce en façade avait été décorée et meublée par le père de Lady Hatton uniquement pour ce genre d'occasion. Elle n'était jamais utilisée autrement.

Le déjeuner servi par Walter et Albert fut simple. Du ragoût irlandais chaud, de la tarte aux pommes et du gâteau de riz arrosé avec de la bière et quelques verres de Porto pour les grandes personnes. Non loin de là, dans un champ couvert de meules de blé, les rabatteurs reçurent du pain, du fromage et un verre de bière.

Plus tard dans l'après-midi, la chasse retourna à Charlecote à l'heure du thé. Laura, déjà là, aperçut Tom et Hugues à la porte de derrière, et les appela en faisant de mystérieux signes. Une lettre était arrivée pour Tom, marquée « Au service de Sa Majesté », que sa sœur avait interceptée.

Ils attendirent anxieusement pendant qu'il lisait. Tom semblait mettre du temps à comprendre ce que signifiait cette lettre. Enfin, il leva les yeux :

– On m'a donné une mission dans le régiment du comté. Je dois me présenter le vingt-trois.

– Hourra ! s'écria Hugues. Je pars le même jour à Darmouth.

– Vous avez de la chance tous les deux, dit Laura.

– Laura, pourquoi ne pas accepter l'idée d'aller dans la maison de convalescence, chez les Pinewood ? suggéra Hugues. Au moins, tu ferais quelque chose.

– Je ne veux pas, articula lentement Laura. Mais sans doute y serai-je obligée, pour commencer.

Pendant ce temps, Tom s'inquiétait d'avoir ouvert cette lettre avant son père. Après avoir examiné l'enveloppe, Laura affirma qu'ils pourraient la fermer en la recollant, la lettre à l'intérieur, avant de la remettre sur la table du vestibule. Ce qu'ils firent.

Après le dîner, ce soir-là, Sir Robert s'éclaircit la gorge et annonça :

– Une lettre est arrivée pour vous, Tom. Je l'ai ouverte.

CHAPITRE QUATORZE

Tous restaient silencieux, tandis qu'il la sortait de sa poche.

– Mon grand ami Harold Pinewood a obtenu un brevet pour vous dans le régiment du comté. Vous devez vous présenter le vingt-trois septembre, voici la lettre, mon fils.

– Merci papa, dit Tom en saluant.

Laura et Hugues baissèrent les yeux sur la nappe. Leur mère eut une expression de fierté mêlée de tristesse : à l'évidence, elle connaissait déjà le contenu de la lettre. En fait tout le monde le connaissait. Sir Robert avait autre chose à dire :

– Harold Pinewood et une ou deux personnes d'influence ont soutenu ma candidature pour un poste de première importance dans le Nord : l'approvisionnement des munitions. Les liens de ma famille avec les industries métallurgiques et carbonifères ont sans doute aussi joué en ma faveur.

Ils ne s'embarrassa pas à s'avancer plus dans des explications, mais ajouta :

– Bref, ma nomination a été confirmée et j'ai pris la décision d'accepter.

Lady Hatton n'avait jamais entendu parler de ce projet jusque-là. Elle en fut saisie.

– Mais, et Charlecote ?…

– Le régisseur surveillera le domaine. Je reviendrai de temps à autre pour gérer nos affaires. La famille s'installera dans la maison du Yorkshire. Elle est beaucoup plus petite, mais ce n'est pas une mauvaise chose. Cinq serviteurs suffiront pour la tenir et nous permettre d'y vivre confortablement. L'écurie n'abrite que trois chevaux mais qu'importe, puisque nos meilleurs chevaux ont été réquisitionnés par l'armée.

Laura fixait son père tout en se mordillant les lèvres. Si elle ne trouvait pas d'autre moyen de s'échapper de Charlecote, elle serait condamnée à vivre dans cette sombre maison exiguë qui avait appartenu à bonne-maman Hatton, et où il n'y avait ni parc, ni rivière, ni chemin de campagne où galoper... Elle n'irait pas. La seule solution consistait donc à aller chez les Pinewood. Elle savait que son père l'y encouragerait fermement, puisqu'il faisait grand cas de cette relation.

Sans penser à l'inélégance du geste, elle mâchonnait ses lèvres, pendant que dans sa tête elle mijotait un plan. Les autres continuaient de parler, ou plutôt d'écouter avec déférence Sir Robert.

Quand leurs quatre enfants furent partis se coucher, Sir Robert et Lady Hatton poursuivirent leur discussion. Sir Robert jubilait, mais sa femme était envahie de sombres pressentiments.

– Harold Pinewood a beaucoup insisté sur le fait qu'il serait vraiment dommage de ne pas avoir recours à mes compétences dans la crise actuelle. Après tout, suffisamment de jeunes hommes comme son fils ou les nôtres peuvent aller se battre aujourd'hui, ajouta Sir Robert.

Lady Hatton se contenta de répondre distraitement. Que va devenir Charlecote ? se demandait-elle. Et elle faisait désespérément appel à tout son courage pour essayer de le sauver.

TOUT CHANGEA BRUSQUEMENT À CHARLECOTE. MAIS SEULS CEUX DE SES HABITANTS QUI VIVAIENT DE PART ET D'AUTRE DE LA PORTE capitonnée savaient à quel point les enfants étaient maintenant au courant des projets de leur père. Ils savaient également par Walter et Albert quel combat menait leur mère pour ne pas quitter Charlecote. Ils savaient aussi qu'elle était en train de perdre la bataille.

Ils apprirent que Walter n'avait pas l'intention de se rendre dans le Yorkshire avec Sir Robert. Il comptait trouver un emploi convenable – et il y avait beaucoup d'offres d'emploi – dans cette partie du comté à laquelle il était attaché. Mais il se tenait prêt à revenir au service de Sir Robert après la guerre, quand la famille reviendrait vivre à Charlecote. Ce fut le discours de démission qu'il leur tint dignement dans l'intimité de l'office.

Peu de temps auparavant, ils avaient su que James Parvis, le valet d'écurie, voulait s'engager. Ils attendaient avec anxiété la

réaction de leur père qui avait projeté d'emmener James avec lui dans le Yorkshire. Quand James annonça son départ, Sir Robert s'exclama :

– Vous ne pouvez pas faire ça !

Mais il s'avéra que James le pouvait, puisqu'il le fit.

Ils apprirent que William Kemble avait également annoncé son prochain engagement à Sir Robert, qui lui avait répondu qu'il était plus utile qu'il reste au service de Madame la Baronne et de lui-même dans le Yorkshire, compte tenu du rôle important de Sir Robert pour le pays. William avait répondu un « Oui, Sir Robert », aussi respectueux qu'à l'ordinaire, mais Madame Kemble avait révélé aux enfants que son mari ne cessait de lui répéter qu'il lui était impossible d'ignorer ce que disaient les affiches de Lord Kitchener* : « Votre pays a besoin de vous. » Elle comparaît Kemble à ces chasseurs impatients et intenables dès qu'ils entendaient les cors et les aboiements de la meute. En revanche, et contrairement à son mari, Madame Kemble leur avait avoué qu'elle serait morte de peur s'il lui avait fallu sauter à cheval une de ces clôtures à cinq traverses. Et il en était ainsi avec les affiches de Lord Kitchener.

Ils savaient qu'Albert avait décidé d'aller d'abord dans le Yorkshire voir comment Elsie serait installée, puis de rejoindre l'armée. Ce qui annonçait une sacrée dispute, avait prédit Walter !

* Ministre de la guerre anglais, en 1914.

CHAPITRE  QUINZE

Les enfants étaient les seuls à savoir ce que Laura allait réellement faire. Officiellement, elle avait accepté de travailler dans la demeure des Pinewood, nouvellement transformée en maison de convalescence pour officiers. Alice l'aidait à préparer ses bagages. Elle aurait besoin de nouveaux vêtements là-bas, dont une ou deux robes de soirée pour la vie de société. Elle avait choisi de partir chez les Pinewood le même jour où Tom et Hugues quitteraient Charlecote. Eux, tôt le matin, elle, dans l'après-midi.

La nuit précédant son départ, Laura se coucha tôt. Les deux garçons souhaitèrent une bonne nuit à leur mère et à leur père et montèrent ensuite par le grand escalier. Puis ils redescendirent en catimini par l'escalier de service pour voir Walter. Il était seul dans l'office. Albert était parti se coucher.

– Nous sommes venus vous dire au revoir, dit Hugues, car il est possible que demain nous n'ayons pas le temps de le faire comme il faut. Vous allez nous manquer, Walter, comme toujours.

– Vous me manquerez aussi, répondit Walter. Je crois bien que c'est pour ça que je ne reste pas ici. Mais c'est pas une chose à dire à Sir Robert, n'est-ce pas ? De toutes les manières, quand vous reviendrez, je reviendrai, si Sir Robert me reprend à son service.

– Lorsque Charlecote sera à moi, je vous prendrai, de toute façon, répliqua Tom, avec véhémence.

– Quelles parties de plaisir on pourra alors avoir ! s'écria Hugues. Nous irons pêcher et nous aurons de vrais matches de cricket avec l'équipe du village; et nous ferons du bateau. Ah oui ! Nous en ferons des choses !

Walter sourit et dit :

– Je crois qu'il est temps que vous alliez vous coucher, jeunes hommes.

– Oui, dit Tom. Mais avant, je dois dire au revoir à Elsie. Je le lui ai promis.

– Je crois que vous ne la trouverez plus; elle est montée, maintenant.

Tom parut soucieux, aussi Hugues abrégea son adieu à Walter. Ils se rendirent dans la salle à manger des serviteurs, mais elle était vide et sombre, ainsi que les cuisines.

– Oh ! s'écria Tom, et j'avais promis...

Ensemble, ils montèrent l'escalier de service, se souhaitèrent une bonne nuit et se séparèrent. Ils ne furent pas longs a se mettre au lit. Hugues s'endormit. Tom cependant n'y parvenait pas, tourmenté de n'avoir pas tenu sa promesse. Il avait le sentiment qu'Elsie l'attendait encore. Il était même sûr d'avoir vu le reflet d'une lampe à l'étage des combles, quand lui et Hugues étaient au pied de l'escalier.

Il sortit à nouveau de son lit et enfila sa robe de chambre. Il était quasiment sûr que sa mère et son père s'étaient retirés. S'il était surpris il dirait qu'il ne faisait qu'aller aux toilettes. Il alluma sa chandelle et avança doucement dans le corridor.

Tout était silencieux. Il ne distinguait aucune lumière, pas même le faible reflet qu'il avait cru voir plus tôt. Sur le palier

CHAPITRE QUINZE

menant à l'étage où dormaient Elsie et les autres serviteurs, il hésita. Grimper les marches était risqué. Il attendit encore quelques instants, puis, reprenant courage, se mit à monter. Il était presque arrivé en haut de l'escalier quand, à son grand effroi, il aperçut une forme dans une robe blanche, silencieuse, immobile.

L'espace d'un moment, il crut à un fantôme, mais la silhouette murmura :

– Vous aviez promis de venir me dire au revoir, Monsieur Tom.

– Descendez Elsie, répondit Tom en chuchotant.

Elle le rejoignit.

– Oh ! Vous avez vraiment l'air effrayé, dit Elsie.

– Oui, dit Tom. J'ai peur que quelqu'un se réveille. Je suis... Je crois que je suis terrifié. J'ai les paumes des mains toutes moites.

Jamais il n'avait franchement parlé à quiconque de cette peur qu'il ressentait parfois, et pour laquelle il se méprisait tellement.

– Il n'y a rien à craindre, reprit Elsie. Ils dorment tous profondément.

– Je ne vous avais pas reconnue, dit Tom. Je ne vous ai jamais vue avec vos cheveux dénoués et dans cette chemise de nuit de flanelle. Vous avez l'air différente.

Il posa sa chandelle sur la table du palier, et des deux mains souleva les longs cheveux d'Elsie pour les poser derrière ses épaules. Puis il la saisit par la taille et lui fit un léger baiser.

CHAPITRE  QUINZE

– Au revoir, Elsie.

Elle s'écria tout bas :

– Oh ! Monsieur Tom ! Vous savez, parfois je rêve de vous et je crois que c'est pour ça que je reste ici. Et je vais suivre Madame et Sir Robert dans le Yorkshire, comme ça j'aurai de vos nouvelles de France, pendant cette guerre. Et quand vous reviendrez à Charlecote, j'espère que je serai toujours là.

Quand Elsie évoqua son père et sa mère, un frisson glacé parcourut le dos de Tom. Que diraient-ils s'ils le voyaient maintenant ? Il ne pouvait imaginer quelle punition ils jugeraient bon de lui donner. Et Elsie serait certainement chassée.

– Personne ne doit jamais savoir que je vous ai embrassée, exigea Tom. Personne, jamais.

– Non, répondit Elsie.

Elle sentit que sa chaleur avait disparu, et qu'il avait de nouveau peur :

– N'ayez pas peur, nous ne faisons rien de mal.

– Au revoir, Elsie très chère. Vite, je crois que j'entends un bruit.

Elsie remonta les marches aussi doucement qu'elle les avait descendues. Tom saisit la chandelle et la souffla pour l'éteindre. Il s'agissait cependant d'une fausse alerte. Il attendit que la jeune domestique soit de nouveau dans le couloir des combles, puis rentra à tâtons dans sa propre chambre. Là il osa enfin se détendre. Il s'approcha de la fenêtre, releva le store et regarda le parc. Les grands ormes étendaient leurs ombres au clair de lune.

CHAPITRE  QUINZE

Il entendait le murmure de la rivière, le cancanement d'un canard, le hululement d'une chouette. La vie lui semblait merveilleuse, à la fois mystérieuse et tellement effrayante, parfois. Il baissa brusquement le store et se coucha.

Allongée dans son lit, Laura restait éveillée. Elle ne s'était pas endormie depuis qu'elle s'était couchée, envahie par cette nouvelle sensation : sa dernière nuit à Charlecote ! Elle était née ici, avait vécu ici et n'avait jamais passé une seule nuit loin de cette maison ; et demain, elle partirait.

Elle avait tout prévu, froidement, soigneusement, sans demander l'avis ou l'aide de qui que ce soit. Les trois autres étaient les seuls à qui elle avait parlé, dans le plus grand secret, une fois ses préparatifs terminés.

Elle savait très bien que ses parents, en temps ordinaire, ne l'auraient jamais autorisée à préparer le métier d'infirmière dans un véritable hôpital. Ils l'auraient emmenée avec eux dans le Yorkshire. Elle avait donc accepté de se joindre à ces jeunes filles de la bonne société locale qui offraient leur concours à la maison de convalescence des Pinewood. Elle resterait là jusqu'à ce que ses parents soient partis dans le Nord. Puis, elle prendrait son bagage, délibérément réduit à une petite malle en dépit des protestations affolées d'Alice, et s'enfuirait à l'hôpital de Honeford. Il n'y avait aucun doute qu'on l'accepterait. Elle avait déjà écrit à l'infirmière en chef là-bas, pour proposer son aide.

Le seul risque réel, bien sûr, venait de ses parents. Mais elle avait calculé qu'une fois au fin fond du Yorkshire, ils seraient

plus enclins à accepter le fait accompli. Par ailleurs, ils seraient peu désireux de provoquer un scandale local, en essayant de l'obliger à quitter l'hôpital de Honeford. Recevoir une formation d'infirmière n'était-il pas un acte patriotique ? Et elle était maintenant devenue une adulte. Demain, elle commencerait à le prouver. Une horloge lointaine sonna minuit : c'était donc aujourd'hui qu'elle le prouverait. Laura ferma les yeux et s'endormit.

Le matin suivant, elle dissuada Margaret de descendre dans la cour pour dire au revoir à Tom et Hugues.

– Tu ne veux tout de même pas que papa te voie pleurer, n'est-ce pas ?

Les sœurs firent donc leurs adieux dans la salle d'étude. Puis, de la fenêtre de la chambre d'enfants, elles assistèrent à la séparation des parents et des garçons. Lady Hatton pleura un peu. Sir Robert l'aida à rentrer.

– Je veux que personne ne vienne me dire au revoir, en bas, cet après-midi, ditLaura.

Elle tint parole. Quand l'heure du départ survint, elle dit à Margaret :

– Je vais descendre par l'escalier de derrière. Attends un peu, puis tu iras dire à papa et à maman que je suis partie.

– Maman va être bouleversée.

– Non, je ne pense pas. Dis-lui que je lui écrirai quand ils seront installés dans le Yorkshire.

Sur le seuil de leur chambre, Laura s'arrêta. Elle se retourna et

contempla pensivement la pièce, puis elle revint pour embrasser à nouveau Margaret. Cette fois, elle lui dit :

– Meg, il ne faut pas être triste sans nous tous.

Elle était partie. Ce ne fut pas exactement de la tristesse que ressentit Margaret après ces séparations si douloureuses. Il s'agissait plutôt d'un sentiment étrange, extrêmement étrange, indéfinissable. Tout le reste de l'après-midi elle erra sans but dans le jardin. Elle avait l'impression de jouer au loup toute seule, sans aucune maison où courir se mettre à l'abri.

Une fois papa et maman partis en automobile dans le Yorkshire, la vie reprit un tour plus humain. Quand l'automobile avait franchi le portail, Margaret avait vu avec surprise que sa mère pleurait ; elle semblait avoir le cœur brisé. Albert repoussa le pêne de la porte d'entrée qu'il verrouilla derrière lui.

– Voilà, c'est ainsi, dit Walter. Allez Mademoiselle Margaret, on va tous demander à Elsie une bonne tasse de thé. Maintenant, on peut se reposer.

Walter la prit par une main et Albert par l'autre, et tous deux se mirent à la balancer en marchant. Cela la fit rire de joie.

Lorsqu'ils atteignirent la salle à manger des domestiques, Elsie s'y trouvait en compagnie d'Alice, de la bonne et de la fille de cuisine. Elsie lui dit avec beaucoup de gentillesse :

CHAPITRE  QUINZE

– Venez Mademoiselle Margaret, asseyez-vous ici. J'ai préparé une bonne tasse de thé pour tout le monde, et Madame a dit qu'on pouvait terminer les gâteaux.

Après le thé, Walter décida d'aller acheter du tabac au village et emmena Margaret avec lui. Elle lui tint la main pendant tout le chemin. Il lui donna deux pence pour acheter du chocolat. Puis il la raccompagna jusqu'au parc et lui dit :

– Maintenant je vais enfin pouvoir aller au pub pour discuter et boire un verre.

Sir Robert n'appréciait guère, en effet, que son personnel fréquente les pubs.

Margaret traversa pratiquement tout le parc en courant. Elle craignait la tombée de la nuit. Elle voulait également montrer à Elsie son chocolat. Mais lorsque elle arriva aux cuisines, Elsie n'y était pas. Elle remonta donc dans la salle d'étude. Tout était calme. Il n'y avait rien à faire, personne à qui parler. Elle regarda par la fenêtre, jusqu'à ce que tout devint sombre dehors. Alors, elle alluma la lampe et attendit, la porte ouverte, qu'on lui apporte son dîner. En s'asseyant, elle trouva que la salle d'étude avait l'air plus grande. Le corridor lui paraissait également plus long, plus large ; il ressemblait à une rue sombre dans une ville. Quelques temps après, la bonne lui apporta son dîner composé d'un potage et d'un gâteau.

– Alice a dit que vous deviez ensuite vous coucher. Elle montera plus tard.

Margaret essaya de la convaincre de rester un peu, mais la

bonne avait à s'occuper du souper des serviteurs et Elsie n'était pas encore rentrée. Margaret lui fit promettre de demander à Elsie de monter dès son retour.

De nouveau seule, Margaret dîna, puis rejoignit sa chambre, se déshabilla et se coucha. Sa chandelle vacillait et suscitait des ombres étranges. Sous sa housse, le lit de Laura prenait un aspect que Margaret n'aimait guère. Le temps lui parut bien long avant qu'Alice ne monte pour la border.

– Il faut dormir maintenant ; vous allez faire un grand voyage demain, la consola-t-elle.

– Elsie n'est pas encore revenue ?

– Pas encore. Mais elle ne va pas tarder et nous irons tous au lit. Nous avons eu une longue journée et j'aurai beaucoup à faire demain, après votre départ.

Alice restait à Charlecote en tant que gardienne, étant entendu, bien sûr, que Dan Power serait là pour éloigner les éventuels voleurs.

– Maintenant, il faut souffler votre chandelle, Mademoiselle Margaret.

– Allez-vous laisser la porte ouverte ?

– Mais le corridor n'est pas éclairé ! En vérité, je ferais mieux de la fermer ; si jamais vous êtiez somnambule !

Puis, voyant le visage de Margaret, Alice ajouta :

– Il n'y a rien à craindre vous savez bien. Monsieur Mark sera en bas, comme d'habitude, et nous serons tous là-haut dans les combles, si vous avez besoin de quoi que ce soit.

CHAPITRE  QUINZE

Après lui avoir souhaité une bonne nuit, Alice ferma la porte. Margaret voulut la rappeler sous n'importe quel prétexte, mais Alice n'était pas du genre à changer d'avis une fois qu'elle avait dit non. Si seulement Elsie était là; mais elle n'était toujours pas rentrée.

La nuit précédente, Laura se trouvait dans cette même chambre, et Tom et Hugues étaient dans la leur, de l'autre côté du corridor. Pourquoi tout le monde l'avait-il abandonnée ?

Elle resta allongée, pendant des heures lui sembla-il, à écouter battre son cœur, effrayée par sa propre respiration. Sa chandelle brûlait toujours, mais elle n'allait pas durer toute la nuit. Elle parvint à s'armer de courage, sortit de son lit et ouvrit la porte. Le corridor était plongé dans l'obscurité et elle n'aperçut aucune lumière dans l'escalier de service. Elle eut peur d'aller plus loin, et revint dans son lit. Elle commença alors à appeler Elsie :

– Elsie ! Elsie !

Mais personne ne l'entendait, personne ne venait et ne viendrait jamais. Elle appelait, sanglotant désespérément. Soudain, il y eut quelques pas rapides et aussitôt la voix d'Elsie.

– Mais que se passe-t-il ?

– Oh Elsie ! Je croyais que vous ne viendriez jamais !

– Oh Mademoiselle ! Mademoiselle ! Il ne faut pas vous mettre dans cet état. Je serais venue plus tôt, vous savez, mais nous n'avons pas souvent une soirée libre. Et quand je suis revenue Alice m'a dit que vous deviez dormir. Monsieur Mark, Albert et moi, on était juste en train de boire une dernière tasse de thé dans l'office.

– Ne me laissez pas maintenant, Elsie.

– Non, je ne partirai pas, Mademoiselle. Pas avant que vous dormiez, du moins. Mais il faudra bien que j'aille me coucher, moi aussi. Je me lève tôt, et demain il y a ce grand voyage en train pour aller dans le Yorkshire.

– Lisez-moi une histoire.

– Je sais pas très bien lire des livres, répondit Elsie. Mais allons dans la salle d'étude pour voir ce qu'on peut trouver.

Dans la salle d'étude, Elsie leva sa chandelle pour trouver quelque chose qui put amuser et apaiser Margaret.

– Oh, regardez ! J'adore cette photo de Monsieur Tom quand il était petit ; et celle-ci, de vous tous, il y a des années ! Mais que vous avez l'air malheureux avec cette gouvernante allemande qui vous dirigeait à la baguette !

– J'aimerais que nous soyons tous ensemble en ce moment, dit Margaret, toujours en larmes.

Elsie s'avança et souleva le couvercle d'une boîte en acajou, vernie.

– Ne dirait-on pas les œufs d'oiseaux de Monsieur Hugues ?

– Oui, et le gros est l'œuf de héron ; Hugues dit que c'est très rare.

CHAPITRE  QUINZE

– Et voici votre maison de poupées. Qu'est-ce que j'ai pu mourir d'envie d'y jouer moi-même, quand je suis arrivée ici.

– Je n'y ai jamais beaucoup joué, parce que Laura ne l'aimait pas beaucoup, et les garçons non plus, bien sûr.

– Alors on va y jouer maintenant, suggéra Elsie.

Ensemble, elles s'agenouillèrent et ouvrirent la façade de la petite maison.

– Oh ! comme c'est mignon ! La chambre à coucher avec le lit à baldaquin et tout le reste. Et la salle à manger avec les chaises et la table, et là la dame et le monsieur assis à table avec leurs assiettes et leurs couteaux et aussi leurs cuillères et leurs fourchettes, mais sans rien à manger !

– Je préfère la cuisine, dit Margaret, qui commençait à prendre goût au jeu. Je préfère l'étagère où il y a toutes les petites casseroles, et la cuisinière qui est debout à côté d'elles. Elle me fait penser à vous, Elsie.

– Oh, Mademoiselle, quand même ! Elle ressemble plutôt à Alice. J'espère bien vivre encore cinquante ans avant de ressembler à cette poupée. Mais nous allons ranger cette chambre avec ces poupées à l'intérieur. On dirait deux petits garçons et une petite fille. J'ai l'impression que ce doit être leur chambre d'enfants ou leur salle d'étude, vous ne croyez pas ?

Ensemble, elles déménagèrent les poupées et le mobilier, secouèrent le minuscule tapis, le reposèrent épousseté et propre. Cette occupation les absorba pendant une demi-heure. Elles jouaient, heureuses. Puis elles refermèrent la façade de la

maison. Elsie, approcha sa chandelle près d'une fenêtre.

– Regardez à l'intérieur, Mademoiselle Margaret, dit-elle. Vous voyez comme elles ont toutes l'air bien confortable, maintenant. Ces enfants veulent aller dormir comme vous allez le faire maintenant.

– Bonne nuit, Tom, bonne nuit Hugues, bonne nuit Laura, dit Margaret. Elles leur ressemblent un peu, n'est-ce pas ?

– Venez maintenant, Mademoiselle, dit Elsie.

Et elle ramena doucement Margaret dans sa chambre et dans son lit. Mais soudain, lorsqu'elle fut couchée, Margaret s'écria :

– Je ne peux pas, je ne peux pas dormir toute seule ici. Dormez avec moi ici, Elsie, dans le lit de Laura.

– Oh ! Je n'oserais pas ! Que dirait Alice, ou Madame, si je dormais ici, en bas !

Mais tout en parlant, Elsie réalisait qu'en fait c'était tout à fait possible : dormir dans le lit de Mademoiselle Laura, près de la propre chambre de Monsieur Tom par-delà le corridor.

– Bien, Mademoiselle, je vais faire le lit.

En quelques instants, ce fut fait. Et Margaret regarda avec contentement Elsie ôter sa robe de coton, ses souliers et ses bas noirs. En combinaison de laine, elle vint souhaiter une bonne nuit à Margaret en l'embrassant.

– Voulez-vous une chemise de nuit ? demanda Margaret. Il y en a sûrement une de Laura, dans le tiroir.

– Oh mon Dieu, non ! répondit Elsie. On dort toujours comme ça à la maison.

CHAPITRE  QUINZE

Elle souffla leur chandelle et se mit au lit. Très peu de temps après, elle entendit la respiration régulière de Margaret qui dormait.

Elsie ne s'endormait pas. Elle restait songeuse. Si sa mère pouvait la voir maintenant, dans ce lit et dans cette chambre ! Elle se demandait souvent ce que diraient son père et sa mère s'ils avaient pu voir les lits, les tapis et la vaisselle. Et la nourriture ! Dan Power apportait une demi-douzaine de lapins, trois ou quatre fois par semaine, et des faisans et des perdreaux, quand c'était la saison. On ne leur en avait jamais servi à table, mais elle avait goûté des deux. Et Monsieur Phillips – oh ! tous les fruits et légumes qu'il apportait ! On jetait la moitié des choux de Bruxelles parce qu'on en était lassé de l'autre côté de la porte capitonnée. Ce n'était pas étonnant que l'homme à tout faire fouille la poubelle avant de la vider. Sa femme faisait sans doute de la soupe avec les os de mouton et d'autres restes. Elsie pouvait imaginer combien sa mère aurait aimé avoir cette poubelle…

Les lits et les tapis, les lapins et les faisans, les choux de Bruxelles et les visages de l'homme à tout faire et de sa mère, celui de Monsieur Tom qui l'avait embrassé, tout tournoyait doucement et se mélangeait dans la tête somnolente d'Elsie qui, à son tour, finit par s'endormir.

Le matin suivant ils partirent tous avec Albert. Walter s'en alla après. On ferma les volets du château de Charlecote, on posa les barres et on tira les stores. A la nuit tombée, aucune lumière ne brilla. On n'entendit plus les bruits des pas montant ou descendant l'escalier de service ou l'escalier principal. Dans les cuisines, les sonnettes s'étaient tues. Une seule cheminée fumait.

Dans la salle à manger des domestiques, Alice, assise, écoutait le tic-tac de l'horloge tout en attendant Dan. Lorsqu'elle fut couchée, Dan s'allongea sur un matelas dans le grand vestibule pour guetter les voleurs, Jet d'un côté et son fusil de l'autre. Mais il guettait également le jour où Monsieur Tom et Monsieur Hugues reviendraient tirer des perdrix et des faisans, et chasser la vermine qu'il fallait bien éliminer.

PLUS AUCUN ENFANT NE VIT À CHARLECOTE À PRÉSENT. PLUS PERSONNE N'HABITE LE CHÂTEAU à l'exception du vieux gardien et de sa femme. En été, il montre les salles de réception du château aux nombreux touristes qui remplissent les cars. Il montre les pièces de collection et répond aux questions. Il y a toujours parmi les touristes quelqu'un qui demande :

– Est-ce que la famille vit toujours ici ?

– Non, répond le gardien. La propriétaire est âgée et vit à l'étranger.

Un jour, à la fin de la visite du château, un visiteur demanda :

– J'ai appris que le fils aîné, Tom, a été tué lors de la Première Guerre mondiale. C'était dans tous les journaux de l'époque car il avait reçu la Victoria Cross* à titre posthume. Mais je n'ai plus

* La plus importante de toutes les décorations militaires britanniques.

entendu parler de la famille. Pourquoi Hugues Hatton ne vit-il pas ici maintenant ?

– Il a été tué à la guerre, Monsieur.

– Tué à la guerre ! Mais ce n'était qu'un enfant !

– Il avait seize ans. Il était enseigne de vaisseau à seize ans. Il a été tué lors d'un combat naval.

– Pauvre Hugues ! Et moi qui étais encore à l'école.

Le gardien observa l'étranger avec curiosité, intrigué : c'était un homme vieillissant, bien habillé, à l'air cultivé et instruit. Oh, ça se voyait, un homme d'une certaine position sociale.

– Vous étiez un ami de la famille, Monsieur ?

– Seulement des enfants. De Hugues, en fait.

– J'étais valet de pied ici, Monsieur. Albert Barker. C'est comme ça que je m'appelle.

Il fit une pause, attendant une réponse. Mais l'étranger resta silencieux. Albert poursuivit :

– La guerre a été très dure pour la famille, Monsieur. Mademoiselle Laura... saviez-vous qu'elle était devenue infirmière ?

– Non. J'imagine qu'elle à été une infirmière de premier ordre ?

– Elle est morte d'une fièvre attrapée à l'hôpital peu de temps avant l'armistice. C'est pourquoi, c'est Mademoiselle Margaret qui a hérité. Elle était la dernière à en vouloir, pourtant. Son cœur s'est brisé quand les autres sont morts. Sir Robert et Madame la Baronne ne pensaient qu'à la marier pour avoir un héritier ici. Mais elle n'a jamais voulu. Il y a eu des disputes épouvantables. Mais tout ça c'est du passé, Monsieur. Sir Robert et Madame la Baronne sont morts eux aussi ; il y a bien des années. Depuis, Mademoiselle Margaret a essayé plusieurs fois de vivre ici toute seule, mais ça la rendait trop malheureuse. La dernière fois, elle a dit à ma femme qu'elle ne reviendrait plus à cause des autres.

– Des autres ?

– Des autres enfants... Mais il ne s'agit pas de leur fantôme ; non, rien de tout cela. Mais elle a dit à ma femme – elle aime beaucoup ma femme, Monsieur, depuis les anciens temps, quand elle était toute petite –, elle a dit que c'est parce que la maison se souvient.

– *La maison se souvient...*

Le visiteur avait répété ces mots, en fixant la façade dressée devant lui avec ses fenêtres vides. Il ne pouvait baisser les yeux.

– Vous allez rater votre car, Monsieur.

– Je ne pars pas avec le car. Si vous n'y voyez pas d'inconvénient, je vais marcher à travers le parc vers le village de Charlecote. Il y a là-bas quelqu'un, quelqu'un de ma famille…

– Oui, Monsieur ?

– Ma sœur est enterrée dans le cimetière. Elle est morte alors qu'elle n'était qu'une enfant. Evie Tomlin.

Et le visiteur partit pour sa promenade solitaire à travers le parc. Dans le soleil tardif de l'après-midi, les ombres des ormes s'allongeaient. Il écouta le cri d'un canard venant de la rivière et tenta de deviner le murmure de l'eau. Mais il n'entendait plus aussi bien que lorsqu'il était petit garçon.

Le gardien était retourné au château. Tous les visiteurs étaient partis. Il commença à fermer, à verrouiller et à tourner les clefs. Sa femme l'aidait habituellement. Aussi se mit-il à l'appeler.

– Elsie, Elsie, Elsie !

Dans la grande maison vide, l'écho résonna, de plus en plus faiblement, toujours vivace cependant, comme le souvenir des vies passées.

POUR FAIRE CONNAISSANCE AVEC PHILIPPA PEARCE, QUI A ÉCRIT CE LIVRE AVEC BRIAN FAIRFAX-LUCY

OÙ ÊTES-VOUS NÉE ?

P. P. Je suis née à Great Shelford, un petit village des environs de Cambridge, en Angleterre. Mon père était meunier et marchand de blé, comme autrefois son père. Mes deux frères, ma sœur et moi avons passé notre enfance dans la maison attenante au moulin, qui était entourée d'un immense jardin que traversait la « Cam », rivière qui alimentait le moulin. Nos parents, et surtout notre mère, s'occupaient de nous et nous entouraient d'affection. Nous avons eu une enfance merveilleuse, bien différente de celle qu'ont connue les enfants de Charlecote.

OÙ VIVEZ-VOUS MAINTENANT ?

P. P. J'habite le même village, dans une petite maison que mon grand-père avait construite pour l'un de ses employés, tout près du moulin. J'ai aussi vécu vingt-cinq ans à Londres, où j'ai travaillé à la radio puis dans une maison d'édition de livres pour enfants. J'ai quitté Londres pour retourner dans mon village natal lorsque ma fille était petite. J'ai un chat, un chien, et des poules viennent parfois se promener dans la prairie d'à côté.

QUAND AVEZ-VOUS COMMENCÉ À ÉCRIRE ?

P. P. Mon premier véritable travail d'écriture fut destiné à la radio pour laquelle je concevais des scénarios. Cette expérience été très enrichissante, et m'a notamment appris l'importance des dialogues dans une histoire.

ÉCRIVEZ-VOUS CHAQUE JOUR ?
P. P. Non. Pendant des années, j'ai écrit tout en travaillant à plein temps. De là m'est venue l'habitude d'écrire surtout pendant les week-ends, le soir, ou parfois très tôt le matin. Maintenant que je peux organiser mon temps comme je le veux, j'écris lorsque j'en sens le moment venu, sans toutefois avoir jamais cessé de penser à ce que j'allais raconter.

COMMENT VOUS EST VENUE L'IDÉE DES ENFANTS DE CHARLECOTE *?*
P. P. Sir Brian Fairfax-Lucy (1899-1974) avait écrit un récit très autobiographique, l'histoire des enfants d'une grande famille qui habitait une superbe demeure, à la veille de la Première Guerre mondiale. Un récit vivant et plein d'intérêt, mais qui ne pouvait être publié en l'état. Un éditeur m'a alors demandé de revoir le texte en me livrant à un véritable travail d'écriture, avec l'accord de l'auteur.
J'ai rencontré sir Brian à plusieurs reprises. Je n'ai pas véritablement travaillé avec lui ; j'ai plutôt travaillé avec son texte, m'en imprégnant plusieurs mois durant. Ma principale contribution réside dans le fait d'avoir doté cette histoire d'une chronologie, et d'avoir plus insisté sur le caractère de ces personnages appartenant à divers milieux sociaux, notamment en étoffant celui de Victor, le fils du maître d'école. Lorsque le livre a été publié pour la première fois, en 1968, il portait le titre *The Children of the House* (Les Enfants de la demeure). Charlecote n'était pas cité, car certaines des personnes qui l'avaient habité étaient toujours en vie, et il fallait faire preuve de discrétion. En 1989 il a été possible de donner au livre son véritable titre, tout en ne révélant pas le véritable nom des enfants, certains détails concernant leur existence ayant été quelque peu romancés.

VOUS A-T-IL FALLU BEAUCOUP DE TEMPS POUR L'ÉCRIRE ?
P. P. Oui, il a fallu que je m'imprègne suffisamment du manuscrit

avant de pouvoir en envisager l'adaptation. J'ai travaillé presque une année à temps complet sur cette histoire.

QUEL CONSEIL DONNERIEZ-VOUS À UN ÉCRIVAIN DÉBUTANT ?
P. P. Lisez à voix haute ce que vous êtes en train d'écrire.

Philippa Pearce a écrit de nombreux romans et nouvelles, ainsi que des albums pour la jeunesse. Quelques-uns de ses livres ont été adaptés à la télévision, dont Tom et le jardin de minuit *qui a été publié dans la collection Folio Junior.*

GEORGES LEMOINE NOUS RACONTE COMMENT IL A ILLUSTRÉ LES ENFANTS DE CHARLECOTE

Charlecote et les enfants. À l'intérieur, derrière les tentures, entre les armures et les gros meubles gothiques... A l'extérieur, sous la chevelure blonde des saules, dans l'ombre des grands arbres. Ils se faufilent et jouent, courent, se font de grandes peurs. Les ai-je bien suivis ? Les ai-je bien vus du bout de mes crayons de couleur, du bout de mes crayons de tendresse et d'espièglerie ? J'espère que par-delà le temps, ils ne m'en voudront pas si je n'ai pas tout à fait répondu à leurs attentes. Mais qui sait, ils seront peut-être contents de moi, les enfants de Charlecote, Laura, Hugues Tom, Margaret !

Je les ai quittés avec peine, enfin ; ils sont partis pour cause de Grande Guerre, pour cause de vie et de mort. Et je suis triste !

Mais de même que le jardin et la maison sont un peu le théâtre des enfants de Charlecote, un livre pour moi est un théâtre. Les images n'existeraient pas si celui qui leur donne vie n'était pas un peu magicien. Les magiciens ont des secrets, un illustrateur aussi. Mes secrets ce sont mes désirs, mes rêves. A moi de montrer à l'aide du dessin et de la couleur les choses qui ont de l'importance, sans message ni mièvrerie.

Je suis illustrateur, je suis metteur en page, comme on dit metteur en scène. Le livre est mon théâtre : j'en fabrique les décors, j'en compose la musique de scène.

Mais place aux enfants... de Charlecote.

Loi n° 49-956 du 16 juillet 1949
sur les publications destinées à la jeunesse
ISBN 2-07-056901-2
Numéro d'édition : 63456
Dépôt légal : octobre 1993
Imprimé par l'Imprimerie Hérissey, à Évreux